中国上市公司协会研究报告

上市公司数字经济发展报告
(2023)

中国上市公司协会　编著

中国财经出版传媒集团
中国财政经济出版社

图书在版编目（CIP）数据

上市公司数字经济发展报告．2023／中国上市公司协会主编．－－北京：中国财政经济出版社，2023．8
（中国上市公司协会研究报告）
ISBN 978－7－5223－2344－2

Ⅰ．①上…　Ⅱ．①中…　Ⅲ．①上市公司－经济发展－研究报告－中国－2023　Ⅳ．①F279．246

中国国家版本馆 CIP 数据核字（2023）第 119252 号

责任编辑：叶　彤　　　　责任校对：胡永立
封面设计：北京兰卡绘世

上市公司数字经济发展报告（2023）
SHANGSHI GONGSI SHUZI JINGJI FAZHAN BAOGAO（2023）

中国财政经济出版社 出版
URL：http：//www. cfeph. cn
E－mail：cfeph@ cfeph. cn

社址：北京市海淀区阜成路甲 28 号　邮政编码：100142
营销中心电话：010－88191522
天猫网店：中国财政经济出版社旗舰店
网址：https：//zgczjjcbs. tmall. com
北京中兴印刷有限公司印刷　各地新华书店经销
成品尺寸：170mm×240mm　16 开　11．75 印张　166 000 字
2023 年 8 月第 1 版　2023 年 8 月北京第 1 次印刷
定价：65．00 元
ISBN 978－7－5223－2344－2
（图书出现印装问题，本社负责调换，电话：010－88190548）
本社质量投诉电话：010－88190744
打击盗版举报热线：010－88191661　QQ：2242791300

本书编委会

特别鸣谢：上海证券交易所、深圳证券交易所、北京证券交易所

版权声明

前 言

党的十八大以来，党中央高度重视发展数字经济，将其上升为国家战略。上市公司作为国民经济的主力军，是推动我国经济增长的“动力源”。2022 年，面对不断开放的金融市场和纷繁复杂的国际环境，上市公司主动顺应潮流积极探索发展机遇，贯彻落实党中央、国务院决策部署，把握数字化转型战略机遇，探索建设数字经济时代的高质量上市公司。为助力建设高质量数字化资本市场，中国上市公司协会信息与数字化专业委员会在协会指导下，开展了《上市公司数字经济发展报告》（以下简称《报告》）的编制工作。

《报告》的“宏观政策篇”从数字经济政策环境出发，基于中国上市公司协会《数字经济政策框架体系》，对 2022 年国家和各部委、各地区发布的数字经济政策在 22 项政策指标的聚合、时间分布、行业分布、地区分布等方面进行了对比分析。从国家层面看，2022 年的数字经济政策类型覆盖面广泛，涵盖数字产业化、数字经济治理、公共服务数字化转型、数字安全、数字经济顶层设计、数字基础设施、数字经济贸易合作、数字产业化、数据要素九大领域，其中产业数字化、治理与服务是重点，产业数字化占比最高，达到 34%，这意味着我国数字经济发展政策方面侧重传统产业的数字化转型，后续较长一段时间，推动数实融合将是重点工作之一。从部委层面看，工业和信息化部、国家发展和改革委员会、国家市场监督管理总局出台或参与出台政策数量位列前三，政策主要聚焦产业数字化、数字经济治理和公共服务数字化转型三个领域。从地区层面看，地方数字经济相关政策主要由省、市级政府或办公厅牵头制定、出台，工业和信息化厅（局）、金融监督管理局等多部门参与，产业数字化和公共服务数字化转型为地方政策关注要点。2022年，数字经济顶层设计类的政策占比近6%，意味着2022年是国家完善数字经济顶层设计重要的一年，这将更好地指导我国数字经济的发展，增强我国数字经济发展的内生动力与可持续发展力，助力我国经济高质量发展。

资本市场在资源配置、风险缓释、政策传导、预期管理等方面有独特而重要的功能，在高质量发展中发挥重要作用。《报告》在“资本市场篇”汇总了2022年沪、深、北三个交易所在证监会的领导下，立足服务市场初心，助力数字经济企业上市融资，构建企业数字化服务生态，建设数字智能型交易所的工作成果。

《报告》的“产业分析篇”还对A股上市公司在数字经济行业分类中的32个中类、156个小类，从辖区、控股类型角度进行了详细分析。截至2022年年底，A股市场共5067家上市公司。根据《数字经济及其核心产业统计分类（2021）》，分属数字化效率提升业的公司有3856家，占比为76.10%；分属数字产品制造业的公司有726家，占比为14.33%；分属数字技术应用业的公司有414家，占比为8.17%；分属数字要素驱动业的公司有65家，占比为1.28%；分属数字产品服务业的公司有6家。2022年，境内首发上市公司424家，募集资金5868亿元，其中共有157家属于数字经济核心领域，此部分新上市公司总市值为2.48万亿元，首发募集资金总额为2844.65亿元，其中电子元件及设备行业居多，新增上市公司62家。在“公司分析篇”，报告聚焦数字经济核心领域1211家上市公司，基于2022年上市公司最新年报数据，对沪、深、北三个交易所上市的数字经济核心领域的典型上市公司，从市值、营收、研发投入、人力资源方面进行了分析。

《报告》在数字化转型篇，聚焦上市公司数字化转型中的难点、痛点，就数字化转型中社会文化、企业文化的重要性及数智文化建设进行了分析，并对2022年数字化转型中的热点技术及其对产业的影响进行了讨论。

《报告》汇集2022年我国数字经济政策情况，分析上市公司在数字经济大环境中的发展现状，跟踪上市公司数字化转型在应用新技术、开拓新模式、发展新业态中存在的困难和问题，助力构筑上市公司数字经济时代竞争优势的同时，传递资本市场数字经济最新动态，为建设高质量数字化资本市场提供参考。

编委会

2023年5月

目 录

第一章　宏观政策篇

自2017年以来，“数字经济”已经连续7年被写入政府工作报告。党的二十大报告明确指出，加快发展数字经济，促进数字经济和实体经济深度融合，打造具有国际竞争力的数字产业集群，指明了数字经济未来发展的方向，即实现数字经济助力实体经济发展。2023年国务院政府工作报告三次提及“数字经济”，分别为“数字经济不断壮大，新产业新业态新模式增加值占国内生产总值的比重达到17%以上”“促进数字经济和实体经济深度融合”“大力发展数字经济，提升常态化监管水平，支持平台经济发展”。相关内容系统地介绍了我国数字经济取得的成绩、发展方向以及后续加强常态化监管，助力数字经济高质量健康发展。

2022年国内数字经济政策整体呈现出顶层设计集中出台，各省市跟进细化与进一步完善，促进顶层设计的覆盖更全面；智慧城市、工业互联网、云计算、区块链、物联网、网络安全等垂直领域的政策正逐步实现全覆盖，高质量发展是基本要求；各层级政府数字经济政策有序有效推进，已落地到区县一级；聚焦产业生态全面发展，重点支持新基础设施建设、数实融合、自主创新等领域。

《全球数字经济白皮书（2022年）》显示，国外数字经济政策呈现出四大特点：一是战略层级提升，数字经济成为各国顶层设计；二是数据要素、技术产业、融合发展、市场竞争、安全保障等成为各国战略焦点，强化对这些重点领域的政策指导；三是战略落地强化，多项举措保障战略实施见效；四是战略主体多元，新兴经济体成为重要参与力量。

在资本市场方面，国务院印发的《“十四五”数字经济发展规划》提出，支持符合条件的数字经济企业进入多层次资本市场进行融资，意味着数字经济将在未来获得资本市场更多支持。数字经济的快速发展为资本市场提供了丰富的优质资产，有效提升了资本市场数字化水平及运行服务效率。

第一节　数字经济政策框架体系

2022年数字经济政策主要涉及数字基础设施、数据要素、数字产业化、产业数字化、公共服务数字化转型、数字经济治理、数字安全及数字经济贸易合作八大领域，政策框架体系如表1－1所示。

表1－1　　中国上市公司协会数字经济政策框架体系（2023年）

<table>
<tr><th colspan="2">一级</th><th colspan="2">二级</th><th>说明</th></tr>
<tr><td rowspan="3">1</td><td rowspan="3">数字基础设施</td><td>1.1</td><td>通信网络基础设施</td><td>光缆光纤、微波、卫星、移动通信、IPv6、工业互联网、物联网、5G、6G等网络基础设施</td></tr>
<tr><td>1.2</td><td>新技术基础设施</td><td>人工智能、云计算、区块链、沉浸式互动式设施设备（AR、VR、MR等）等新技术基础设施</td></tr>
<tr><td>1.3</td><td>算力基础设施</td><td>以数据服务器、运算中心、数据存储阵列等为核心，实现数据信息的计算、存储传递、加速、展示等功能的数据中心、超算中心、智能计算中心、边缘数据中心等算力基础设施</td></tr>
<tr><td rowspan="3">2</td><td rowspan="3">数据要素</td><td>2.1</td><td>数据采集</td><td>数据采集指对数据标注、清洗、脱敏、脱密、聚合等</td></tr>
<tr><td>2.2</td><td>数据开发</td><td>数据分析、数据可视化、数据库、数据开发框架</td></tr>
<tr><td>2.3</td><td>数据要素市场化</td><td>数据组成关键，包括公共数据、企业数据、个人数据，例如数据收集平台、数据服务商、知识产权交易活动等</td></tr>
<tr><td rowspan="2">3</td><td rowspan="2">数字产业化</td><td>3.1</td><td>关键数字技术创新</td><td>传感器、神经芯片、类脑智能、DNA存储、量子信息、网络通信、集成电路、工业软件、大数据、人工智能、区块链、大数据等战略性前瞻性领域</td></tr>
<tr><td>3.2</td><td>新业态新模式</td><td>新兴在线服务、共享经济、智能经济、社交软件、知识分享、短视频等</td></tr>
</table>

续表

<table>
<tr><th colspan="2">一级</th><th colspan="2">二级</th><th>说明</th></tr>
<tr><td rowspan="5">4</td><td rowspan="5">产业数字化</td><td>4.1</td><td>企业数字化转型</td><td>企业研发设计、生产加工、经营管理、销售服务等业务数字化转型、线上营销、远程协作、数字化办公、智能生产线、线上办公、远程会议、电子签名、网课等</td></tr>
<tr><td>4.2</td><td>重点产业数字化转型</td><td>农业：“三农”综合信息服务、农业生产、加工、销售、物流等各环节的数字化；
工业（制造业）：智能制造、装备数字化、工业互联网；
交通；铁路、道路、航运和航空等领域智能化：调度指挥、智慧停车场、智慧港口等；
商贸：电子商务、批发、零售、住宿、餐饮、租赁和商务服务等领域数字化；
物流：物流信息服务平台、电子提单、智能仓储等；
金融：银行、证券、保险等领域数字化，比如智能支付、智慧网点、数字货币等；
能源：煤矿、油气田、油气管网、电等领域智能设备、技术</td></tr>
<tr><td>4.3</td><td>产业园区与产业集群</td><td>数字园区、园区服务平台、智慧园区</td></tr>
<tr><td>4.4</td><td>支持补贴政策</td><td>政府部门为鼓励地区企业数字化转型而发布的支持政策，有具体奖励金额，支持措施等；为了发展数字化产业，而产生的一些支持技术、资本、人才、数据等发展的政策</td></tr>
<tr><td>4.5</td><td>绿色转型</td><td>双碳、ESG、绿色金融</td></tr>
<tr><td rowspan="3">5</td><td rowspan="3">数字安全</td><td>5.1</td><td>网络安全</td><td>网络安全标准体系、监测预警和应急处置、网络的运行安全、网络信息（指网络运营者收集的相关用户信息）安全</td></tr>
<tr><td>5.2</td><td>数据安全</td><td>是指通过采取必要措施，确保数据处于有效保护和合法利用的状态，以及具备保障持续安全状态的能力</td></tr>
<tr><td>5.3</td><td>其他安全与风险防范</td><td>除网络安全与数据安全的其他安全，如技术安全；各类风险叠加可能引发的经济风险、社会舆情风险等风险防范和社会稳定问题</td></tr>
<tr><td rowspan="3">6</td><td rowspan="3">公共服务数字化转型</td><td>6.1</td><td>政务服务数字化</td><td>互联网＋政务服务、智慧政府、城市大脑</td></tr>
<tr><td>6.2</td><td>社会服务数字化</td><td>文化教育、医疗健康、公共卫生、会展旅游、体育健身等领域公共服务资源数字化供给和网络化服务</td></tr>
<tr><td>6.3</td><td>城乡发展数字化</td><td>智慧城市、数字乡村</td></tr>
</table>

续表

一级		二级		说明
7	数字经济治理	7.1	数字经济治理	社会公众、政府、市场、行业组织、企业协同数字经济治理、数字经济市场监管、反洗钱金融数字监管体系、信用档案、打击违法犯罪、保护消费者、市场准入、行业标准等
8	数字经济贸易合作	8.1	贸易数字化	数字“一带一路”、跨境流动、自由贸易试验区、丝路电商
		8.2	数字经济国际合作	跨国公司、国际交流协作、数字服务出口基地、国际数字化反垄断

第二节　国家及各部委数字经济相关政策特点分析

据不完全统计，2022 年国家及各部委涉及数字经济的相关政策 154 条，类型主要为规范性文件，各月均有政策发布，峰值出现在 3 月；工业和信息化部、国家发展和改革委员会、国家市场监督管理总局出台或参与出台政策数量位列前三；政策主要聚焦产业数字化、数字经济治理和公共服务数字化转型三个领域。

一、发布量特点

2022 年，国家及各部委的政策常年保持较高的发布频率，月均政策发布量超过 12 条，平均每月不到 3 天就发布一条相关政策，足见国家及各部委对数字经济发展的重视。从各月发布量走势来看，整体呈波动趋稳的态势，峰值出现在 3 月，主要与各部委密集发布各领域“十四五”规划密切相关。另外，《中共中央 国务院关于加快建设全国统一大市场的意见》、财政税收等规范及鼓励数字经济发展的政策也较多。2022 年国家及各部委发布数字经济相关政策月度分布如图 1－1 所示。

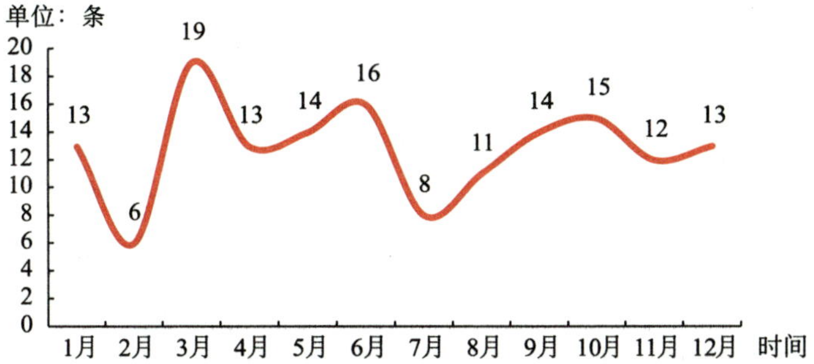

图 1-1 2022 年国家及各部委发布数字经济相关政策月度分布

二、发布部门特点

2022 年 20 余家部委出台或参与出台数字经济相关政策，工业和信息化部出台或参与出台 46 个政策文件，国家发展和改革委员会、国家市场监督管理总局分别列第二、第三位，从排名前三的部委职责以及相关内容看，这些文件多涉及如何促进、鼓励数字经济规范高质量发展。综合分析发现，排名前十二的国家及部委，参与数字经济相关政策文件的数量均超过 10 个。此外，国务院出台或参与出台的政策达到 10 个，国务院办公厅超过 11 个，基于这两个部门的职责及重要性，足见 2022 年国家高度重视数字经济的发展，从全国、全局、战略性出发，促进数字经济高质量有序发展。2022 年数字经济政策发布量及参与部门分布如图 1-2 所示。

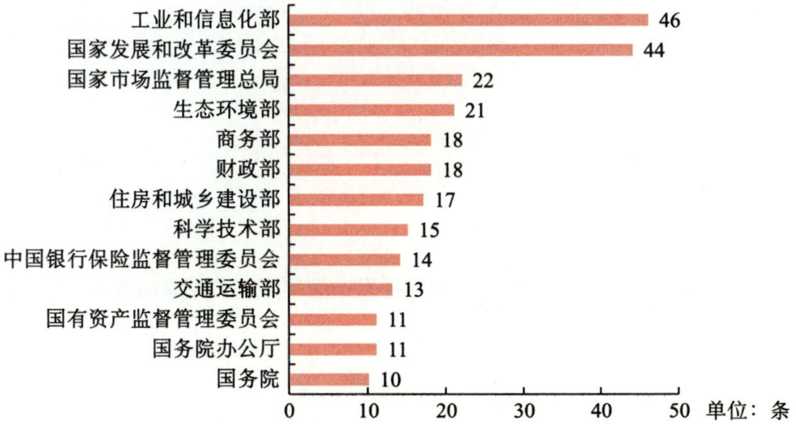

图 1-2 2022 年数字经济政策发布量及参与部门分布

三、政策覆盖重点领域

2022 年的政策类型覆盖面广泛，涵盖数字产业化、数字经济治理、公共服务数字化转型、数字安全、数字经济顶层设计、数字基础设施、数字经济贸易合作、数字产业化、数据要素九大领域。政策覆盖面广泛，产业数字化、治理与服务是重点。其中产业数字化占比最高，达到 34%，这意味着，我国数字经济发展侧重传统产业的数字化转型，后续较长一段时间，推动数实融合将是重点工作之一。此外，数字经济治理、公共服务数字化转型分别列第二、第三位，可以看出，相关部门在加强治理的同时，也在努力提升数字化服务水平，为数字经济发展营造更好的发展环境。值得一提的是，在排名前五的领域中，除了数字安全外，数字经济顶层设计类的政策占比近 6%，意味着，2022 年是国家完善数字经济顶层设计重要的一年，这将更好地指导我国数字经济的发展，增强我国数字经济发展的内生动力与可持续发展力，助力我国经济高质量发展。2022 年国家及各部委发布数字经济政策领域分布如图 1－3 所示。

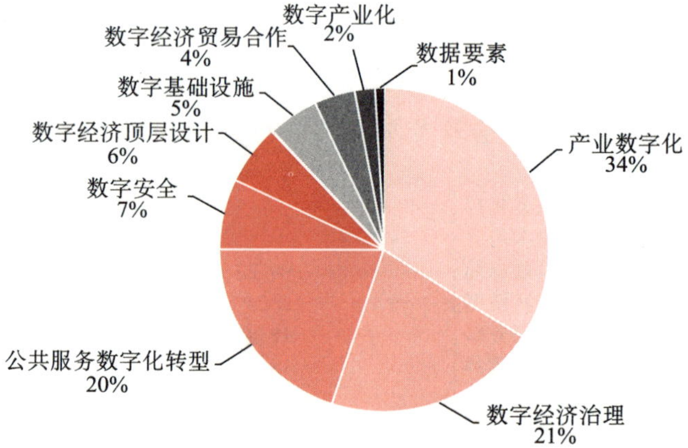

图 1－3　2022 年国家及各部委发布数字经济政策领域分布

第三节 地方政府数字经济相关政策特点分析

据不完全统计，2022 年各省份共发布数字经济相关政策 243 条，地方规范性文件占绝大多数。政策发布量的两次峰值分别出现在 3 月和 8 月。广东、北京、云南政策发布量排名全国前三。地方数字经济相关政策主要由省、市级政府或办公厅牵头制定、出台，工业和信息化厅（局）、金融监督管理局等多部门参与。产业数字化和公共服务数字化转型为地方政策关注要点。

一、地区政策发布量

2022 年，地方数字经济相关政策月均发布量约 20 条。全年政策发布量走势呈波动下降趋势，峰值出现在 3 月和 8 月。3 月，国家部委集中发布“十四五”规划，“数字经济”成为热词。在国家政策指导及影响下，各地完善数字经济的政策配套，抢跑数字经济发展新赛道；8 月，时值半年度政府工作梳理与总结，地方政策逐步由省落实到市，细化至数字经济相关的重点产业和数据要素市场，激发数字经济发展新动能。加之中国数字经济产业大会开幕、中国加入《数字经济伙伴关系协定》（DEPA）工作组正式成立等事件影响，8 月地方政策发布量明显增长。2022 年地方发布数字经济相关政策月度分布如图 1 – 4 所示。

二、地区政策发布量变化分析

人民数据大数据显示，2022 年 30 个省份出台了数字经济相关政策，政策类型以地方性规范文件为主，各省市数字经济政策发布数量如图 1 – 5 所示。经分析，广东、北京、云南三地数字经济政策发布量位列前三，浙

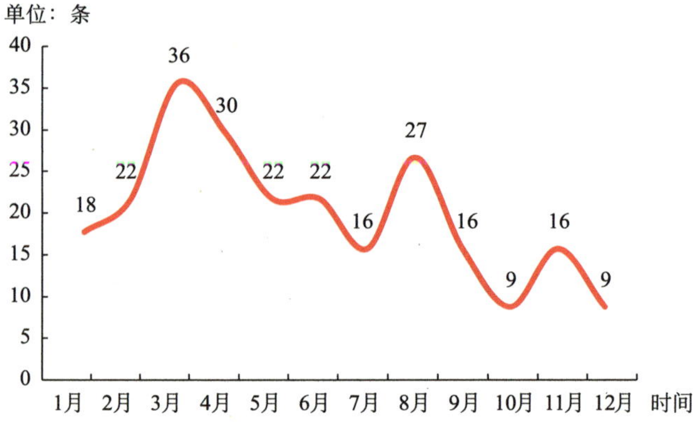

图 1－4　2022 年地方发布数字经济相关政策月度分布

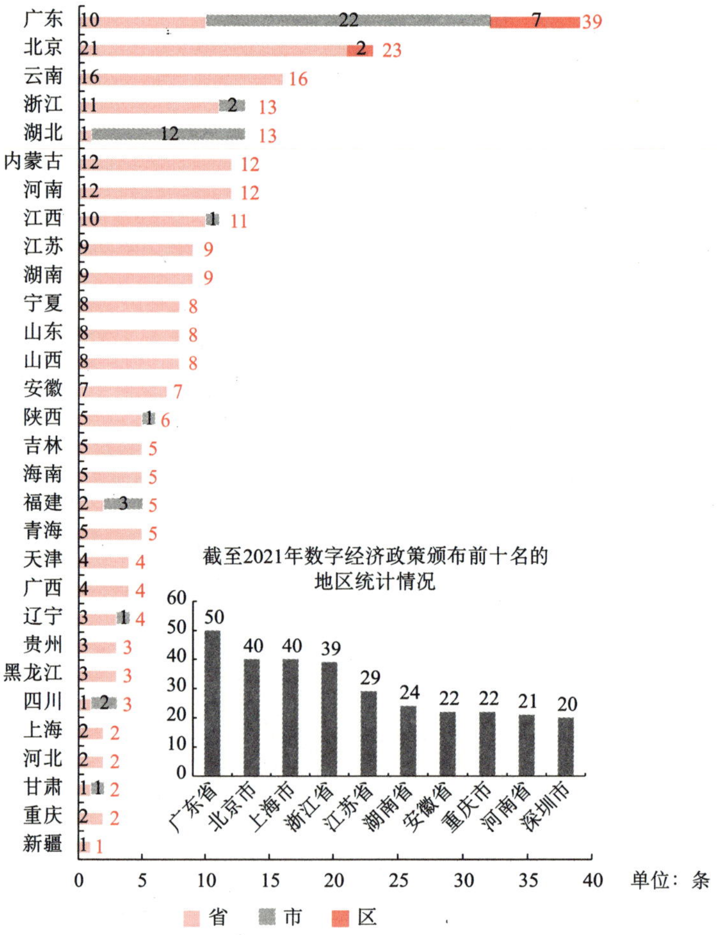

图 1－5　2022 年各省市数字经济政策发布数量

江、内蒙古等10省政策发布量在平均值之上。对比2021年数字经济政策颁布前十名地区可发现，各地政策发布量变化明显，整体数量略有下降。以广东、北京为代表的经济发展好、数字基础强的省份，对数字经济发展保持密切关注和持续支持，连续两年政策发布量位居前列；以上海、江苏为代表的经济活跃、数字化领先省份，由于数字经济政策支持起步早，2022年政策发布量出现明显下滑，侧重政策落地执行；以云南、内蒙古为代表的产业特色强、数字潜力大的省份，开始集中发力数字经济，充分发挥政策驱动、数据赋能作用，寻找产业和经济发展新引擎。

广东省是数字经济政策发布量最多的省份，连续两年位列第一，也是政策发文单位层级最完整的省份，省级、市级政策分别占全省政策总发布量的25%和56.4%，区级单位也有政策发布。

三、地区发文单位情况

2022年，数字经济地方政策发布涉及20多个发文单位，省、市级政府或办公厅主导政策发布，其他各单位政策各有侧重。首先，省、市级政府或办公厅共出台192条政策，占政策发布总量的79%。其次，工业和信息化厅（局）、金融监督管理局、经济和信息化局、财政厅（局）、人大及人大常委会、发展和改革委（局）均为数字经济政策制定和出台的重要单位。结合各单位职责和发文主题分析发现，省、市级政府或办公厅出台政策以整体推进数字经济发展、促进各产业高质量发展为主；工业和信息化厅（局）等其他单位出台政策则根据数字经济发展整体规划，侧重产业数字化、公共服务、财政配套等职能领域。此外，云南农业农村厅和乡村振兴局、广州文化广电旅游局、贵州能源局等单位还结合当地发展基础和产业特色，因地制宜出台相应“小切口”政策，切实推进当地数字经济发展。2022年地方数字经济政策发布量分布如图1-6所示。

图1－6　2022年地方数字经济政策发布量分布

以数量排名第一的广东省为例，广东省、市、区各级单位均有发文，其中，各级政府或以办公厅名义发布的政策量较多。市级单位中，以广州市和深圳市为主，工业和信息化厅（局）、金融监督管理局是主要发文单位。区级单位中，政策发布量以工业和信息化厅（局）居多，多为多部门联合发文，协同分工促进数字经济发展。2022年广东省各单位数字经济政策发布量分布如图1－7所示。

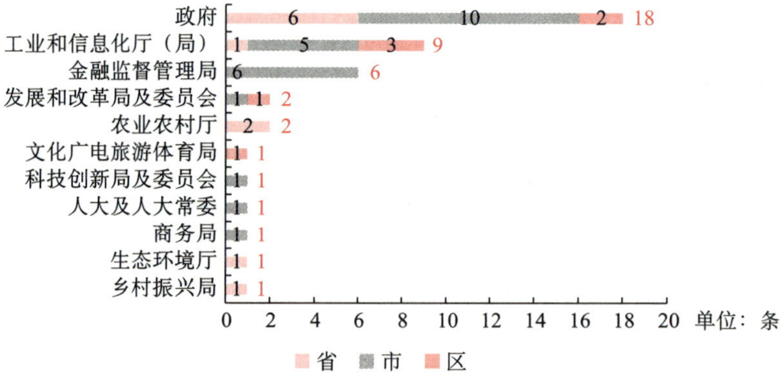

图1－7　2022年广东省各单位数字经济政策发布量分布

四、地方政府政策关注重点

2022 年，产业数字化与公共服务数字化转型成为各地方数字经济政策关注的要点，合计占比 65%。此外，数字经济省级顶层设计、数字经济贸易合作占比均超 10%。统计分析发现，北京、广东、江西、安徽、青海等 15 个省份出台数字经济顶层设计文件 34 条，内容多从国民经济和社会发展的战略视角出发，对数字经济发展做整体规划。以顶层设计为纲领，各地密集释放产业数字化相关政策，广泛覆盖涉及制造业、农业、生物医药产业、金融保险业等重点产业，能源产业绿色低碳发展、中小企业数字化转型也被重点提及。在公共服务领域，城乡和区域发展、营商和消费环境优化、数字政府建设等获各地政策关注。受国家政策和地缘优势影响，数字经济贸易合作相关政策主要集中在北京、上海、海南、云南、内蒙古鄂尔多斯等国家规划的自贸区、外贸区，数字赋能贸易“新业态新模式”是地方数字经济贸易合作相关政策的一大着力点。2022 年各类地方数字经济政策分布情况如图 1－8 所示。

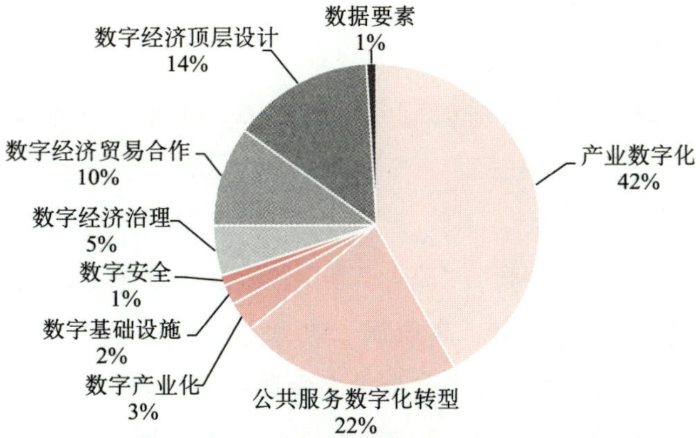

图 1－8　2022 年各类地方数字经济政策分布情况

以广东省为例，省级数字经济顶层设计政策占比 10%。其中《广东省数字经济发展指引 1.0》是全国首个推动数字经济发展的指引性文件，具有示范先行作用。产业数字化政策占 54%，除了覆盖金融、软件和信息服务、工业、农业等产业，还针对互联网、时尚产业、海洋经济等优势产业出台相应政策，推动地方数字经济特色发展。较全国而言，广东省数字经济治理和数字产业化政策占比较高。在数字经济治理方面，广东省颁布《广东省碳普惠交易管理办法》等政策，关注绿色投资与低碳发展；在数字产业化方面，深圳市走在全国前列，出台《深圳市光明区关于支持脑科学与类脑智能创新链产业链融合发展的若干措施》等政策，打造数字产业集聚地。2022 年广东省各类数字经济政策分布情况如图 1 –9 所示。

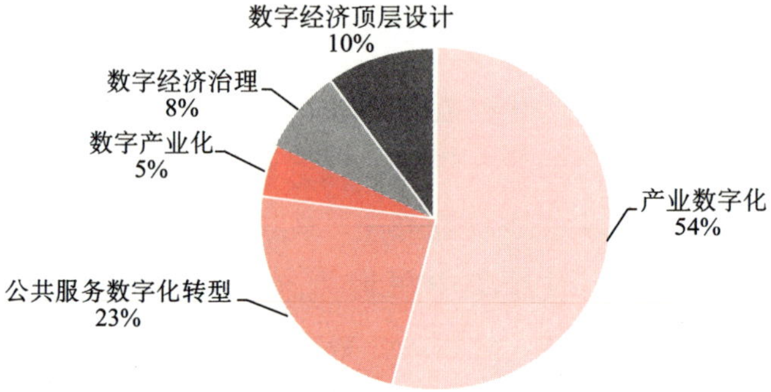

图 1 –9　2022 年广东省各类数字经济政策分布情况

第四节　数字经济发展规划趋势

数字经济发展规划清晰，“高”“新”“示范”是未来趋势。2025、“十四五”规划、2035、高质量、高层次、高水平、新一代、示范等高频词反映出 2022 年数字经济政策的特点及未来发展趋势。2025、“十四五”规划、2035 等高频词表明我国数字经济发展有清晰的发展规划与时间线，与明确时间线相匹配的是详细的目标和落实举措。高质量、高层次、高水平、新一代、示范等高频词在相关政策文件中多次出现，意味着我国数字经济的发展将以“高”“新”为主要目标，相关探索从试点逐步向示范升级，向更高阶段迈进。

第五节　数字经济央地政策分析

2022 年数字经济相关政策标题呈现出央地数字经济政策衔接性强，中央侧重战略全局，地方侧重具体措施促进数字经济发展；政策文本内容呈现出央地数字经济政策内容一致性强，国家在促进数字经济发展的同时重视安全问题，地方侧重产业转型升级及做好服务保障。

一、央地政策数量对比

地方相关政策量超过国家及各部委的 1.5 倍，产业及公共服务数字化是央地聚焦重点。地方数字经济相关政策发布量约为国家及各部委政策发布量的 1.58 倍。2022 年 1 ~ 7 月，地方政策发布量波动趋势与国家及各部委的基本一致，发布量前者远高于后者。各省份紧跟国家数字经济战略，依据国家部委数字经济纲领性文件出台地方配套政策。2022 年 8 ~ 12 月，央地政策发布量动态波动趋势出现差异。8 月，地方政府继续深化“十四五”规划，加快推进各产业和公共服务各领域的数字化转型，优环境、促消费，出现明显反弹峰值；10 月，国家部委重点关注数字安全领域，密集发布人脸识别、网络支付等多项数据安全要求，出现明显峰值。2022 年国家及各部委、地方政策发布量随时间变化趋势如图 1 – 10 所示。

从各类政策发布量占比看，国家和地方政策共同聚焦产业数字化和公共服务数字化转型。相较而言，数字经济治理是国家部委政策关注要点，通过制定标准、出台管理规定等规范数字经济相关市场。地方政策则根据国家部委战略性、纲领性文件，结合自身情况，统筹规划适应当地经济基础和产业特色的数字经济发展路径。2022 年国家及各部委、地方各类政策分布情况如图 1 – 11 所示。

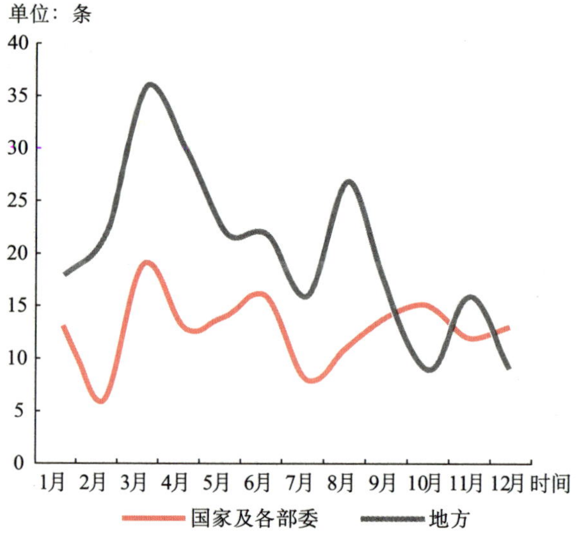

图 1－10　2022 年国家及各部委、地方政策发布量随时间变化趋势

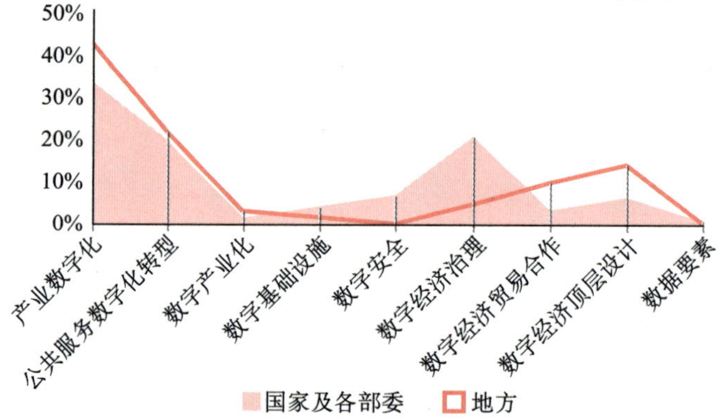

图 1－11　2022 年国家及各部委、地方各类政策分布情况

二、央地数字经济政策衔接性

央地数字经济政策衔接性强，从战略全局到具体措施促进经济发展。梳理 2022 年数字经济相关政策标题发现，“2022”“发展”“建设”“实施方案”“十四五”“促进”等高频词均占据国家及各部委、地方高频词的前十名。2022 年国家及各部委数字经济政策标题高频词云如图 1－12 所示。

这些相同的高频词显示，央地均高度关注数字经济，促进数字经济建设、发展是共同的主题。另外，央地高频词较高的一致性表明，国家及各部委的数字经济政策在地方具有较好的贯彻执行。2022 年地方数字经济政策标题高频词云如图 1－13 所示。对于不同的高频词，国家及各部委更多从战略全局出发，从激励创新、完善体系等角度，以实现数字经济高质量发展为目标，如《关于加快场景创新、以人工智能高水平应用促进经济高质量发展的指导意见》，系统指导各地方和各主体加快人工智能场景应用，推动经济高质量发展；地方侧重具体措施，推动数字经济发展，如福建省工信厅、省财政厅联合印发《关于推进工业数字化转型的九条措施》，从九个方面支持福建工业企业加快数字化转型，并明确多项资金奖励措施。

图 1－12　2022 年国家及各部委数字经济政策标题高频词云

图 1－13　2022 年地方数字经济政策标题高频词云

三、央地数字经济政策内容一致性

央地数字经济政策内容一致性强，国家重视兼顾安全与发展地方侧重产业转型升级。2022 年国家及各部委、地方政府数字经济相关政策内容词频分析如图 1－14 所示。分析 2022 年央地数字经济政策内容发现，在排名前 25 的高频词中，共有 14 个高频词相同，分别为“基础设施”“数字化”“2022”“信息化”“进一步”“中小企业”“高质量”“供应链”“智能化”“一体化”“人工智能”“互联网”“产业链”“公共服务”，其中，“中小企业”意味着促进数字经济发展，中小企业是重要的参与主体；“基础设施”“人工智能”“互联网”等意味着央地均重视数字经济基础设施建设，特别是国家及各部委，基础设施的词频最高，基础设施建设是数字经济发展重点中的重点；“数字化”“信息化”“智能化”不仅是数字经济发展的方式，更是其发展目标；“进一步”“高质量”等高频词意味着央地对于数字经济，既要发展，更要有质量的发展；“供应链”“产业链”等高频词意味着数字经济发展要助力和完善供应链与产业链。整体而言，央地数字经济政策内容在同频共振，从基础设施、目标、要求及强链等方面为数字经济发展提供坚实的保障。

图1－14　2022年国家及各部委、地方政府数字经济相关政策内容词频分析

国家及各部委侧重数字经济发展过程中的安全、绿色、技术创新等内容，畅通机制为数字经济发展提供更好的服务。“网络安全”“数据安全”等高频词，传递出发展数字经济时重视网络安全与数据安全，扎牢安全防护墙。如《中共中央 国务院关于构建数据基础制度更好发挥数据要素作用的意见》全文共提及14次“数据安全”，《意见》在明确激活数据要素潜能、做强做优做大数字经济、增强经济发展新动能的同时，强化维护网络与数据安全，健全网络和数据安全保护体系，提升纵深防护与综合防御能力。发展与安全是数据要素化、市场化的一体两翼，共同推动数据要素市场化健康可持续发展。

“生态环境”“碳达峰”“新能源”等高频词反映出数字经济的发展与生态环境保护是相辅相成的，生态绿色发展既是对企业数字经济发展的客观要求，也是企业在数字化转型应该实现的目标。如国家发展和改革委员会、国家能源局印发的《“十四五”现代能源体系规划》，明确要求，加快能源产业数字化和智能化升级，推动能源系统效率大幅提高，全面提升能源产业基础高级化和产业链现代化水平。

“技术创新”“科技成果”等高频词，意味着国家及各部委重视技术在数字经济中的重要作用，不仅要在技术方面鼓励创新，同时要求更多的技术转化为科技成果，服务于数字经济发展。国家发展和改革委员会、科技部联合印发的《关于进一步完善市场导向的绿色技术创新体系实施方案（2023—2025 年）》明确，加快绿色技术转化应用，推进绿色技术交易市场建设，健全绿色技术推广机制，鼓励绿色技术产品应用等。

“国务院”“分工负责”“公共服务”等高频词反映出国家及各部委重视为数字经济做好服务保障工作，通过做好分工负责畅通体制机制，完善公共服务平台，更好地为数字经济发展提供高效便捷服务。国家发展和改革委员会《关于进一步完善政策环境加大力度支持民间投资发展的意见》要求，完善政策环境，同时明确各部门的责任与分工。

地方政府侧重制造业、农产品的转型升级，为数字经济发展搭好平台，完善服务。“制造业”“农产品”“机械化”等高频词反映出地方在促进数字经济发展时，侧重制造业的转型升级及农产品的标准化、机械化，进一步夯实地方经济发展的基础。福建、广东、江西等省纷纷出台相关政策促进制造业数字化转型或提升农业数字化水平，如福建《2022 年数字福建工作要点》中明确要求，深入推进制造业数字化转型，实施中小企业数字化赋能行动。大力提升农业数字化水平；加快推动种植业、畜牧业、渔业等领域数字化转型，实施“数字农业”“智慧林业”“智慧海洋”“智慧供销”工程，创建 10 个省级数字农业创新应用基地。

“产业园”“服务平台”“信息技术”等高频词反映出地方政府为数字经济发展搭好台，通过产业园、信息化服务平台等做好相关服务。广东作为数字经济政策出台多、探索靠前、政策更细化的省份，十分重视搭好服务平台，促进地方数字经济发展。如《广东省数字经济发展指引 1.0》中“服务平台”出现 69 次，《广州市工业和信息化发展“十四五”规划》中“服务平台”出现 22 次，打造各种类型的服务平台，为地方数字经济高质量发展助力。

第二章　资本市场篇

2022 年，我国资本市场持续发挥风险共担、利益共享机制，引导更多资本投向数字产业化和产业数字化领域。各交易所综合运用股票、债券、基金等工具，推进兼并重组和分拆上市，助力传统产业改造升级和战略性新兴产业培育壮大，推动“科技—产业—金融”良性循环，为数字经济企业提供资金支持，在培育数字科技企业和推进技术创新方面发挥了重要作用。截至 2022 年年底，在 5067 家 A 股上市公司中，以数字经济为核心产业的上市公司有 1211 家，占比达 23.9%，较上一年度增加 1.3%。上市的数字经济核心领域公司涵盖了互联网、云计算、大数据、人工智能、新型信息技术服务等领域，首发募集资金总额达 7595 亿元。此外，2019 ~ 2021 年，数字经济核心产业上市公司通过资本市场增发募集的资金总额达到 5274 亿元，极大地满足了数字企业的融资需求，对支持我国数字产业做强做优做大起到了重要促进作用。

同时，数字经济发展也推动资本市场数字化，提升资本市场交易效率。数字技术推动资本市场在发行、上市、交易、登记、结算、托管等环节实现全面数字化。近年来，我国不断加大在金融基础设施上的数字投入，交易流程得到极大简化，交易成本持续降低，资本市场交易及结算效率明显提升。与境外相比，我国资本市场场内交易较早实现集中撮合交易，资金结算托管效率居于全球前列。

第一节　上海证券交易所助力数字经济发展成果

党的二十大报告指出，要加快建设数字中国，加快发展数字经济，促进数字经济和实体经济深度融合。上海证券交易所（以下简称“上交所”）坚决贯彻党中央、国务院关于数字经济的战略部署，全方面支持沪市数字经济公司，在指数设计、再融资、新闻宣传等方面为数字经济企业鼓与呼。同时，在中国证监会的统筹领导和证监会科技监管局的具体指导下，上交所顺应数字化发展新趋势新要求，不断深化数字化转型思维，大力推动交易所数字化转型和行业数字化生态建设，适度超前部署现代资本市场基础设施数字化建设，为上市公司提供数字化便利服务。

一、优化数字经济领域指数，强化服务数字中国战略

2022 年 10 月，上交所聚焦新一代信息技术、高端制造、科技创新等重点领域，指导中证指数有限公司发布、优化了上证信息安全、上证基建、上证养老产业、中证银发经济、中证高端制造、中证乡村振兴债等 13 个指数，进一步完善指数体系，多维度聚焦服务国家战略，突出新一代信息技术、高端制造等投资标的，更好地满足中长期资金配置需求。

发布、优化的 13 个指数中，科技创新领域指数 2 个（中证科技创新信用债指数、中证创新主题信用债指数）、数字经济领域指数 1 个（上证信息安全主题指数）、先进制造领域指数 3 个（中证高端制造成长 50 指数、中证高端制造指数、中证全指汽车指数）、基建主题指数 2 个（上证基建指数、中证基建指数）、养老服务领域指数 2 个（中证银发经济主题指数、上证养老产业指数）、乡村振兴领域指数 3 个（中证乡村振兴债指数、中证乡村振兴地方政府债指数、中证乡村振兴信用债指数）。

上交所聚焦数字经济、信息技术、先进制造、绿色低碳等相对成熟的

重点领域，注重指数应用和转化，加速推进国家战略相关领域基金产品开发，尽快实现跟踪指数产品落地，更好满足国家战略领域中长期资金配置需求。上交所已安排中证指数有限公司发布69个数字经济和新一代信息技术指数，服务数字中国战略，助力我国数字经济健康发展，跟踪产品规模约1200亿元；发布68个高端制造领域指数，有效引导市场资源配置到高端制造产业，助力推动产业技术变革和优化升级，跟踪产品规模约1200亿元；发布113个可持续发展指数，积极推动实现“双碳”目标，服务气候转型投资，先后发布新能源车、光伏产业、沪深300ESG、沪深300碳中和等绿色指数，跟踪产品规模约1100亿元。

二、助力数字经济企业上市融资，引导媒体发布新闻宣传

2022年12月22日，上海证券交易所党委召开党委会，认真学习中央经济工作会议精神，会议指出要综合运用股票、债券、基金等工具，推进兼并重组和分拆上市，助力传统产业改造升级和战略性新兴产业培育壮大，推动“科技—产业—金融”良性循环。鼓励支持民营经济和民营企业利用资本市场发展壮大，充分发挥资本市场功能促进房地产市场平稳发展、推动房地产业向新发展模式平稳过渡，助力数字经济和平台企业发展。

2022年4月14日，华数数字电视传媒集团有限公司2022年面向专业投资者公开发行公司债券（数字经济）（第一期）成功完成簿记建档，发行规模3.5亿元，期限3年，票面利率3.12%，全场认购倍数3.21倍，得到市场投资者的积极响应，是上海证券交易所和浙江省首单数字经济公司债券。

2022年以来上交所累计发行科创债1231亿元，中长期科创债市场发行份额占比全市场最高，上交所已成为科创债中长期资金最主要的筹措场所。其中累计支持中央企业及其子公司发行科创债684亿元，不少央企通过科创债发行投向各种前沿的科创领域，充分发挥央企创新“领头羊”作用。

此外，上海证券交易所还积极为数字经济相关的上市公司举办业绩说明会，比如2023年5月18日集中举办沪市数字经济上市公司2022年度集

体业绩说明会。同时，对通信行业、数字经济领域相关企业配发新闻宣传稿，如2022年10月20日证券时报发布的《沪市信息通信公司深耕数字化，赋能传统行业转型升级》、2022年11月11日e公司发布的《多家沪市信息通信公司披露创新进展，助力数字经济增速提质》，2023年3月8日，各大主流财经媒体相继发布沪市数字经济相关报道，如《数字经济业务快速增长，年内三大运营商股价涨幅均超30%》《沪市通信行业转型升级，数字经济添活力》《业绩增长态势向好，沪市数字产业公司活力迸发》。

三、扎实推动行业科技化数字化转型

数字化技术全面助力资本市场普惠发展，切实提高监管与服务效能，加快重构市场竞合格局，深刻改变了行业生态，也已成为资本市场高质量发展的核心引擎。在中国证监会的领导下，上交所在提高信息技术安全自主可控、加强数字赋能监管、促进科技与业务深度融合、推进行业技术共享共建共治等方面已经取得了积极成效。

《上海证券交易所科技战略规划（2021—2025）》正式发布。根据规划，“十四五”期间，上交所科技发展将以建设科技领先的世界一流交易所为发展目标，坚持稳中求进，通过打造“1+9”科技战略框架，构筑上交所“十四五”科技发展的新“四梁八柱”，以更好地发挥“科技是第一生产力”的作用，促进交易所高质量发展，支撑交易所以及行业的科技改革创新。其中，“1”是指坚守安全运行底线，“9”则与上交所目前制定的“5+3+1”技术总框架互相对应，涵盖了交易所科技发展的2条主线任务及3大底座、3项科技治理能力和集团化的全生命周期IT管理体系。

四、“一网通办”上线运行，迈出数字智能型交易所坚实一步

立足服务市场初心，顺应数字化发展趋势。2022年11月25日，上交所“一网通办”门户正式上线运行，标志着上交所打造数字智能型交易所迈出坚实一步。随着证券产品日趋丰富，市场参与者逐年增多，各市场参

与者在上交所办理业务面临着一些不便。为提高市场参与者业务办理便利性，上交所推出“一网通办”门户，实现“进一张网办全部事”。

科技赋能，以用户为中心开展门户建设。交易所是党兴办的事业，上交所始终重视人民性，在“一网通办”门户建设过程中把响应用户需求和提升用户体验放在首位，践行“我为群众办实事”，实现了“一网通办”门户“三个通”。“入口通”：本次“一网通办”门户面向投资者、拟上市公司、上市公司、会员机构、基金公司五类主要用户群体，从用户视角出发，整合汇集了上交所全部业务系统。“支持通”：制作高频业务办理指引和常见问题页面，并提供智能搜索功能，方便用户在线查询。“认证通”：打通上交所内部认证系统，有效减少用户跨系统登录操作步骤，还为机构用户特别推出了免 eKey 登录方式，提升疫情下业务办理的时效性和便利性。

统筹规划，推动科技与业务深度融合。2021 年以来，上交所不断深化数字化转型思维，发布上交所“十四五”科技战略规划，完善信息技术业务整体布局，形成清晰明确的科技发展蓝图、目标定位和实施路线。“一网通办”是上交所数字化转型重点工作，在促进科技与业务深度融合方面，面临着机遇和挑战。本次“一网通办”门户的建成，主要是在科技引领下推动的业务整合，还要继续加强业务流程再造和数据共享，优化推出业务高频、办理情形较为复杂的事项场景，大力提升科技与业务的融合度。

久久为功，从“能办”到“好办”“快办”。不积跬步，无以至千里。“一网通办”的核心在于“办”，上交所推出“一网通办”门户，助力业务从“能办”向“好办”“快办”转变。下一步，上交所将持续问需市场，通过流程再造、数据赋能、智能运用等方式，不断加强内部协同，为投资者和机构提供简便易用的办事体验，推动“一网通办”更“好办”、更“快办”，并以此为契机，加快打造数字智能型交易所，为建设中国特色现代资本市场踔厉奋发、勇毅前行！

五、构建企业数字化服务生态，以数字化转型赋能实体经济

为深入贯彻新发展理念、加快构建新发展格局，上交所积极推动科技

与业务深度融合，推进市场服务数字化转型，提升服务实体经济质效。在强化实体经济服务的过程中，上交所充分发挥数据和技术优势，立足公益，努力建设企业数字化服务生态，助力上市公司和拟上市企业高质量发展。

一是上证e系列产品支持上市公司发展。上证e服务以信息披露、投资者关系、绿色发展为核心功能，集合投票、路演、互动、培训等支持，为上市公司合规履责、治理发展提供一站式服务；上证e投票每年为数千场上市公司股东大会提供投票网络平台和现场工具，助力上市公司股东行使权益；上证e互动构建上市公司直接沟通渠道，加强上市公司与中小投资者间的交流。

二是上证路演中心构建市场主体发布渠道。上证路演中心积极发挥融媒体平台功能，加强上下游富媒体生态建设，为上市公司等市场主体提供路演、培训、交流等服务。2022年支持股票、债券、基金、衍生品等各类活动4500余场，覆盖业绩发布、再融资、重大事项、IPO发行、投资者服务等多种业务，凸显渠道价值，提升了市场透明度。

三是星企航平台服务拟上市企业成长。星企航努力延伸服务触角，支持地方科技和金融工作，为各地政府机构提供企业发现、筛选、评价等服务，帮助政府扶持培育企业成长；同时，助力广大企业对接资本市场，提供政策介绍、评价指引、发行辅助、路演培训等一系列服务，力求消除市场信息壁垒，汇聚市场力量，助力企业发展壮大。

后续，上交所将继续秉承服务理念，持续问需市场，坚持守正创新，不断提升服务的针对性和有效性全力推进中国特色现代资本市场建设。

第二节　深圳证券交易所助力数字经济发展成果

一、“优一纲要”支持数字经济发展

深圳证券交易所（以下简称“深交所”）坚持服务科技创新，数字经

济是深交所聚焦的重点领域之一。支持数字经济领域企业发展符合《推动提高上市公司质量三年行动方案（2022—2025）》和深交所《“优质创新资本中心和世界一流交易所”建设纲要》（以下简称“优一”纲要）的精神。在发行上市方面，深交所积极推动数字经济领域代表性企业发行上市，研究制定细分行业针对性审核指南，推动出台行业专门信息披露指引，进一步明晰审核、信息披露和核查要求。在培育宣传方面，深交所开展数字经济领域系列走访和主题推广，开设媒体宣传专栏，组织论坛、座谈会等，构建行业跟踪宣传机制，并围绕数字经济领域，配合指数发布、债券和基金等创新产品推出，主动做好宣传引导。

“优一”纲要明确指出，到2030年，在数字经济等重点领域，深交所要培育出一批具有国际竞争力的成长型创新型企业，在实现高水平公司科技自立自强方面发挥重要作用。

二、加快发展数字经济债券市场

数字经济已成为我国重要的战略发力点，是数字中国战略的核心。近年来，深交所聚焦精准服务国家战略，加大对数字经济等重点领域支持力度，落实落细资本市场支持振兴工业经济各项举措，扩大知识产权证券化、科创债等特色产品规模，多渠道服务实体经济转型发展。交易所“数字经济”主题固定收益产品紧紧围绕服务国家战略总要求，聚焦从事数字经济的企业或资产，切实提升募集资金使用的精准性、有效性，立足于定向满足数字经济领域直接融资需求，助力推动我国数字经济高质量发展。

2023年3月23日，京东方科技集团股份有限公司在深交所发布公告，簿记发行全市场首单“数字经济”主题公司债券。3月25日，“粤开证券—中小担小贷—知识产权4期资产支持专项计划（数字经济）”在深交所成功发行。“数字经济”主题公司债券、资产证券化产品的成功落地，是深交所认真贯彻新发展理念、发挥资源优化配置功能、服务国家经济高质量发展战略的又一务实举措。

下一步，深交所将继续坚决贯彻落实党中央、国务院决策部署，在证监会统一领导下，着力提高直接融资比重，持续提升服务能力和水平，创新推出更多直达实体经济关键领域的固定收益产品，引导资金流向国家重点支持领域，助力实体经济高质量发展。

三、数字经济细分主题指数快速扩容

深交所聚焦重点领域支持企业做优做强，其全资子公司深圳证券信息有限公司（以下简称“深证信息”）近年来密集发布数字经济细分主题指数。深证信息于2023年发布“深证XR”“数字文化”“新型显示”“深证数字交通”“深证算力设施”“深证数字安全”“深证数据要素”等数字经济细分主题指数，选取深市A股各行业中市值大、流动性好的股票作为样本股。其中，“深证XR”选取公司业务范畴属于增强现实、虚拟现实、混合现实等扩展现实主题的股票。“数字文化”选取业务范畴属于游戏、数字化视听内容、相关终端设备等数字娱乐产业的股票。“新型显示”选取业务范畴属于新型显示原材料、新型显示元器件、新型显示产品制造、新型显示产品应用等新型显示技术产业的股票。“深证数字交通”选取公司业务涉及设备制造、软件服务、一体化及运营服务等数字交通产业的股票。“深证算力设施”选取公司业务涉及芯片、计算与通信设备、算法软件、大数据与云计算服务等算力基础设施产业的股票。“深证数字安全”选取公司业务涉及数据采集及存储安全、数据库防火墙及加密技术、数据安全运营及治理、电子认证及个人隐私保护等数字安全产业的股票。“深证数据要素”选取公司业务涉及数据采集存储、数据加工分析、数据确权交易、数据安全、数据生态保障等数据要素产业的股票。

近年来，深交所积极发挥资本市场平台功能，聚焦先进制造、数字经济、绿色低碳等重点领域，支持企业做优做强。深市上市公司中，三大重点领域企业数量合计占比超过六成，集群化发展优势突出，龙头企业集聚效应凸显，为相关领域指数的编制以及产品开发提供了得天独厚的基础条件。截至2023年4月12日，深证信息已累计发布数字经济领域指数40余条，包含数字经济、物联网50、金融科技等指数，跟踪产品规模超400

亿元。

下一步，深交所将加快推进数字经济领域指数体系和产品体系建设，加速推进相关领域基金产品开发，尽快实现跟踪指数产品落地，为各类投资者分享创新发展红利提供多元化投资工具，有效引导市场资源配置到国家重点支持领域。

四、开设“创享荟”品牌系列活动

为落实“优一”纲要以及“十四五”规划提出的“加快建设全链条、全过程的创新企业服务体系”要求，深交所自2022年起开设“创享荟”品牌系列活动，聚焦数字经济等领域，面向重点企业、重点行业、重点区域，推动企业互动、交流、合作为导向持续开展活动，致力于为实体经济搭建开放、活跃的资本市场服务平台，助力实体经济高质量发展。

下一步，深交所将持续深入学习贯彻党的二十大精神，在中国证监会的统一领导下，不断创新服务形式，持续提升服务实效，广泛凝聚市场各方合力，优化完善全链条、全过程的企业服务体系，为促进实体经济高质量发展提供更优质的服务。

五、联合举办“深圳创投日”专场活动

2022年11月8日，“深圳创投日”启动大会暨深交所科技成果与知识产权交易中心揭牌仪式在深圳市南山区举办。为支持数字经济领域企业发展，现场举行了数字时尚路演、大数据及人工智能路演等路演专场活动。

“深圳创投日”活动由深圳市地方金融监督管理局、深圳市科技创新委员会、深圳市工业和信息化局、深圳证券交易所、深圳市南山区人民政府5家单位联合主办。“深圳创投日”系列活动结合各区的产业特色和发展战略，围绕“创新技术与创新企业对接”“创新企业与创投资本对接”“创投资本与政府引导基金对接”三大对接主题，依托三大承载平台，组织策划六大不同板块、线上线下多场活动，形成融资链、空间链、示范链、

生态链，搭建市区、政企、产融联动的沟通桥梁，构建风投、创投发展良好生态。后期，“深圳创投日”系列活动将于每月 8 日在深圳各区、各大战略平台，围绕新赛道、新领域不同主题举办。

第三节　北京证券交易所助力数字经济发展成果

一、推动交易所数字化转型

近年来，证券期货行业信息技术发展顶层设计进一步加强，中国证监会发布了《证券期货业“十四五”科技发展规划》，对全行业科技发展进行了总体擘画。北京证券交易所（以下简称“北交所”）科技发展坚持“两坚持、两突出”的指导原则。一是坚持全市场视野，体现各核心机构运行衔接、各监管机构监管协作、各市场机构技术规范的理念。二是坚持全方面覆盖，体现信息技术系统、数据管理、网络安全、制度保障、人员管理等多角度、精细化的理念。三是突出用户体验思维，以建设“好看、好用、管用”的应用系统为目标，归纳业务需求深层次含义，演绎灵活、便捷的技术实现。四是突出技术创新思维，以信息技术创新业务模式和技术路径为目标，充分发挥科技作为核心竞争力的价值。

二、助力数字经济企业上市融资

北交所在支持和服务数字经济企业上市融资，推动创新型中小企业高质量发展中发挥重要作用。一是服务对象精准包容。四套上市准入标准兼顾不同类型、不同特征数字经济企业，突出创新型中小企业特点，明确简便、包容、精准的发行条件，聚焦服务实体经济，大力支持科技创新。二是公开发行为企业创新研发提供源头活水。截至 2022 年年底，企业已累计实现公开发行融资333亿元，平均每家融资2.06亿元，北交所用仅相当于几家大型企业公开发行的融资金额，服务了超过160家创新型中小企业。公开发行精准匹配企业技术研发、产能扩张等方面的资金需求，促进科技与资本深度融合。三是高效、灵活的并购融资制度为企业转型升级提供支持。上市后已有4家公司再融资审查通过，形成小额、按需、多次的持续融资机制，有效降低中小企业融资成本。中航泰达等公司通过并购重组提质增效。四是支持数字经济企业利用资本工具创新发展。如股权激励为数字经济企业稳定创新团队提供制度支持。北交所股权激励制度灵活、包容，企业上市以来通过期权、限制性股票等工具累计对超过2500名员工进行激励，充分调动高管和核心员工参与企业发展的主动性和积极性。

三、数字信息化服务迈上新台阶

北交所一直以来高度重视一线监管的数字化和智能化工作，充分利用大数据、人工智能等新型技术，在交易监管、公司监管领域取得积极进展：一是上线监察系统V2.0。系统采用主流的大数据实时、批量分析技术，实现多项监察指标的实时预警。落地交易关联账户智能分析，综合采用图数据库和图关系预测等多种前沿技术，构建基于交易行为时序数据表征的机器学习模型，提升交易监管智能化水平。二是完成利器系统3.0建设。创新业务场景，在创新型企业识别、发行上市企业经营评价、外部数据核查、关联关系分析、可比公司分析、日常风险监测和监管函自动生成等方面发挥辅助作用，提升科技监管能力。三是持续迭代升级业务支持平台。对面向券商、中介机构、公司等各市场参与主体，为业务办理、公司监管、意见反馈、日常办公提供电子化服务。实现主要业务的电子化、信息化，做到了让数据“多跑路”，让办事人“少跑路”，为市场参与人提供办理业务的便利性。四是上线信息披露云（3Cloud）。在现有编制工具的基础上，构建全新客户端，完成挂牌公司登录认证、信息披露短信提醒、关键信息自动填写、直通报送及信息反馈等功能的技术上线，初步实现“帮他填”“直通报”。

四、数据治理取得初步成效

为落实证监会党委提升科技监管能力的战略部署，北交所深入开展公司数据治理行动。经过实践，数据环境逐步改善，进一步夯实了市场科技监管和服务的数据基础，数据治理取得初步成效。一是数据制度进一步完善。聚焦提升数据质量，先后建立了数据质量管控规定、XBRL 模板编制规范、数据质量定量评价标准、主数据标准等，同时优化了数据定级标准和工作流程。在此基础上构建形成了以数据管理办法为基础，敏感级别认定细则、四级敏感数据使用行为管理规定、数据质量管控规定为支撑的数据管理制度体系。二是数据痛点进一步减少。针对重点保障数据，一次性检查并解决历史存量数据问题；同时针对增量数据建立相应工作机制，定期开展数据质量抽查评估，增量数据可用性明显提升。三是数据价值进一步释放。引入行政监管和处罚等外部数据，满足市场监察和公司监管需求；加强内部数据的汇集、整合和对外输出，数据资源的监管应用价值和商业化价值有所提升；扩充地区监管平台内容，满足辖区监管数据需求。

第三章　产业分析篇

2022 年是党和国家非常重要的一年。党的二十大胜利召开，“加快发展数字经济，促进数字经济和实体经济深度融合”是党的二十大在数字经济方面作出的重要指引。数字经济在资本市场的影响力与日俱增，数字化转型已逐渐成为多数上市公司的共识。根据国家统计局发布的《数字经济及其核心产业统计分类（2021）》，数字产业化和产业数字化是数字经济产业划分的两个重要维度。数字产业化包括数字产品制造业、数字产品服务业、数字技术应用业和数字要素驱动业；产业数字化主要指数字化效率提升业。

截至 2022 年 12 月 31 日，A 股市场共 5067 家上市公司。依照数量从大到小排序，一是分属数字化效率提升业的公司，有 3856 家，占比最大，达到 76%；二是分属数字产品制造业的公司，有 726 家，占比为 15%；三是分属数字技术应用业的公司，有 414 家，占比为 8%；四是分属数字要素驱动业的公司，有 65 家，占比 1%；五是分属数字产品服务业的公司，数量只有 6 家，占比不到 1%，其分布如图 3－1 所示。

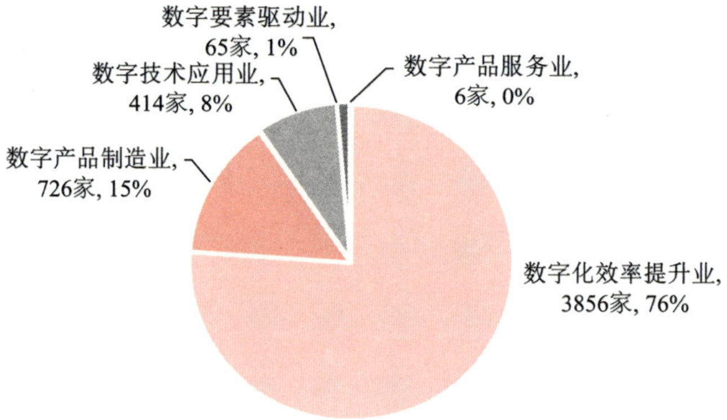

图 3－1　上市公司数字经济大类数量分布

根据《数字经济及其核心产业统计分类（2021）》中的中类标准，目前A股上市公司分布在智能制造、其他数字化效率提升业和电子元器件及设备制造类别中的最多，其中电子元器件及设备制造属数字产业化部分即数字经济核心产业，另外两个均属于产业数字化部分。

从上市板块方面来看，分属产业数字化的上市公司，其更多地分布在上交所与深交所主板，创业板、科创板和北证的比例相对较小；分属数字产业化也即数字经济核心产业的上市公司，有37%的公司在创业板上市，18%的公司在科创板上市，比例明显高于产业数字化方面公司，这也比较符合创业板与科创板对于企业的定位。在数字经济核心产业中，主板上市公司占比最高，为41%，其次占比第二高的板块为深交所创业板，占比为37%，上交所科创板占比为18%，北交所上市公司共有45家属于数字经济核心产业，占比约为4%。全部上市公司各板块数量分布如图3－2所示，数字产业化上市公司板块数量分布如图3－3所示，产业数字化上市公司板块数量分布如图3－4所示。

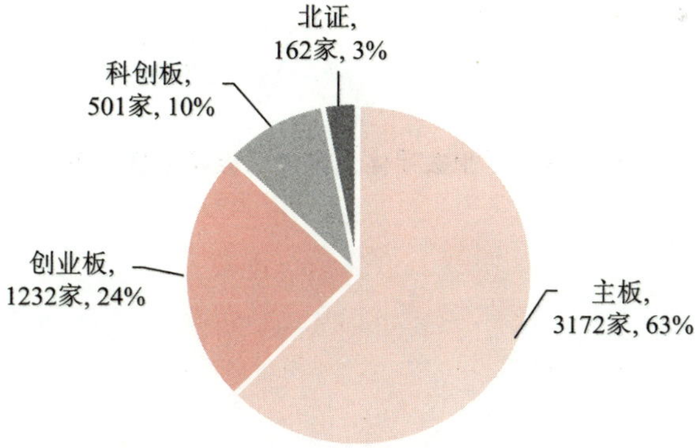

图3－2 上市公司各板块数量分布

《数字经济及其核心产业统计分类（2021）》中的二级分类有32类，A股上市公司在这些类别中的分布情况如图3－5所示。

由于涉及产业数字化的上市公司数量较多，本篇将上市公司分成两部分，即产业数字化和数字产业化，接下来分别从以下三个方面（行业分布、地区分布和控股类型分布）进行分析。

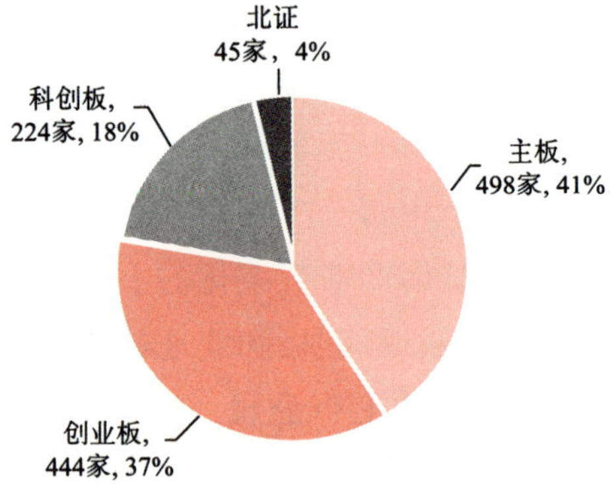

图3－3　数字产业化上市公司板块数量分布

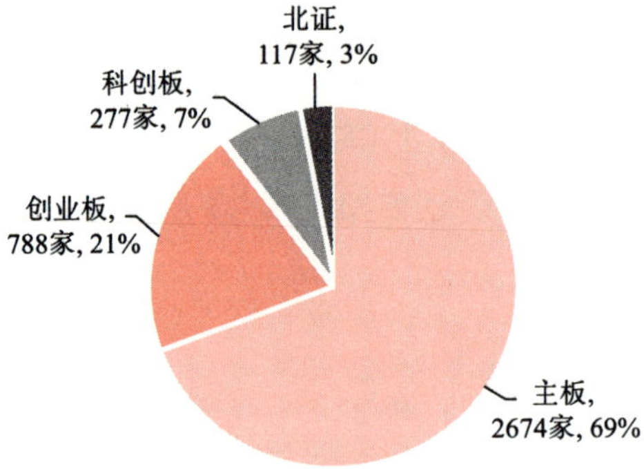

图3－4　产业数字化上市公司板块数量分布

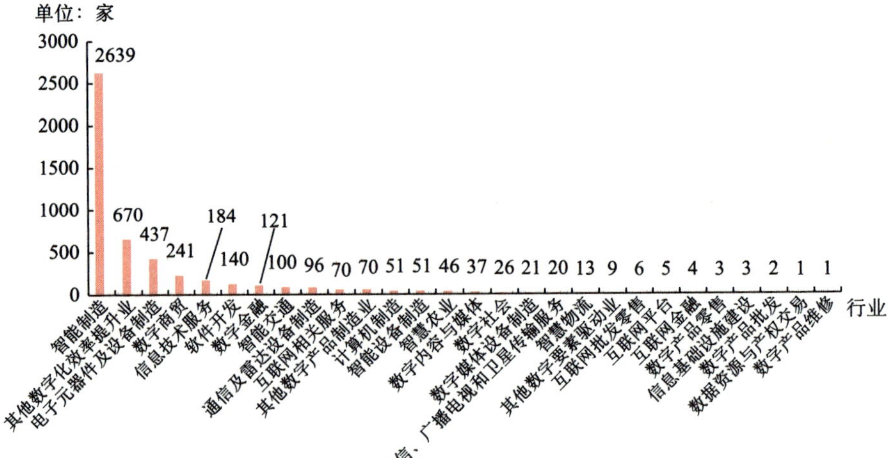

图3－5　上市公司数量分布（二级分类）

第一节　产业数字化领域上市公司行业分布

产业数字化指应用数字技术和数据资源为传统产业带来的产出增加和效率提升，是数字技术与实体经济的融合。该大类共有 3856 家上市公司。此大类下根据产业特点分为智能制造、智能交通、智慧物流、智慧农业、数字社会、数字商贸、数字金融和其他数字化效率提升业，这些领域中上市公司的分布情况如图 3－6 所示。

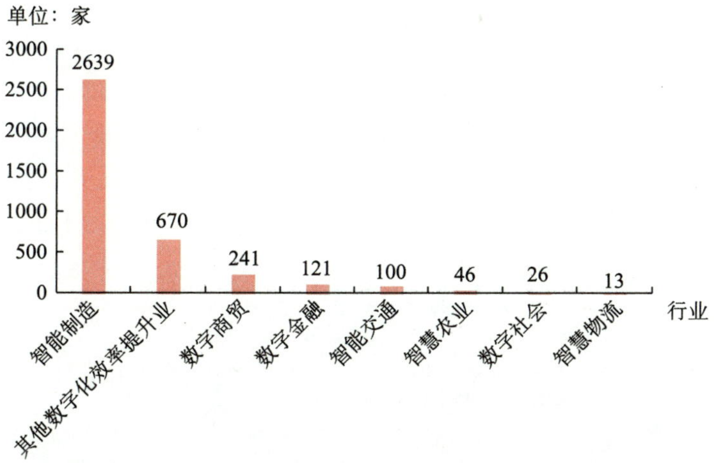

图 3－6　产业数字化上市公司数量分布（二级分类）

由图 3－6 可以看出，上市公司分布最多的是“智能制造”领域，有 2639 家公司，占比 68%；占比第二为“其他数字化效率提升业”，有 670 家公司，占比 17%；占比第三的为“数字商贸”，有 241 家公司，占比 6%；之后按占比排名分别是数字金融、智能交通、智慧农业、数字社会和智慧物流，公司数量和占比分别为 121 家占比 3%、100 家占比 3%、46 家占比 1%、26 家占比 0.7% 和 13 家占比不到 0.5%。

第二节　数字产业化领域上市公司行业分布

数字产业化领域的上市公司有1211家，主要分布在计算机通信和其他电子设备制造业、电信广播电视和卫星传输服务、互联网和相关服务、软件和信息技术服务业等20个领域，是数字经济发展的基础，分布情况如图3-7所示。

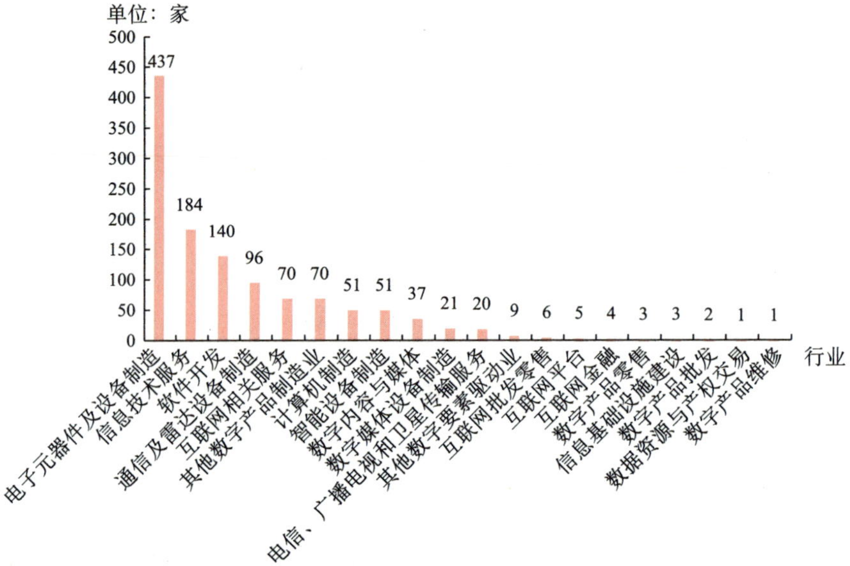

图3-7　数字产业化上市公司数量分布（二级分类）

数字产业化的上市公司大多集中在“电子元器件及设备制造”领域，有437家公司，占比36%；其次集中在“信息技术服务”领域，有184家公司，占比15%；“软件开发”领域有140家公司，占比12%；其余分类占比均不到10%。数字产品制造业的上市公司领域分布如图3-8所示。

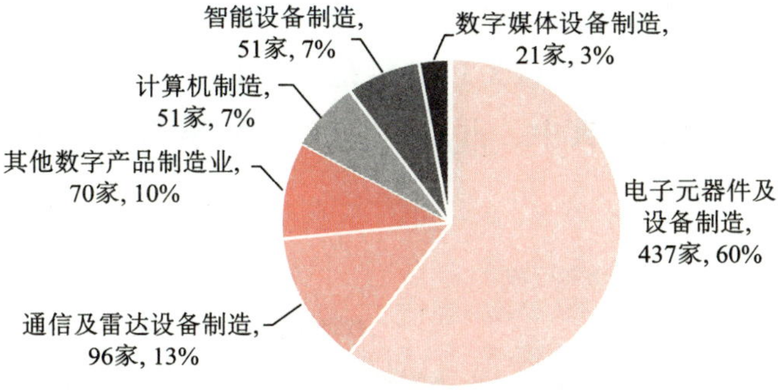

图 3 -8　上市公司数量（数字产品制造业）

分属数字产品制造业的公司共有 726 家，按照数量从大到小排序，一是分属“电子元器件及设备制造”的公司，数量最多，共有 437 家，占比 60%；二是分属“通信及雷达设备制造”的公司，共有 96 家，占比 13%；三是分属“其他数字产品制造业”的公司，共有 70 家，占比 10%；四是分属“智能设备制造”的公司，共有 51 家，占比 7%；五是分属“计算机制造”的公司，共有 51 家，占比 7%；最后有 21 家公司属于“数字媒体设备制造”，占比 3%。数字技术应用业的上市公司领域分布如图 3 -9 所示。

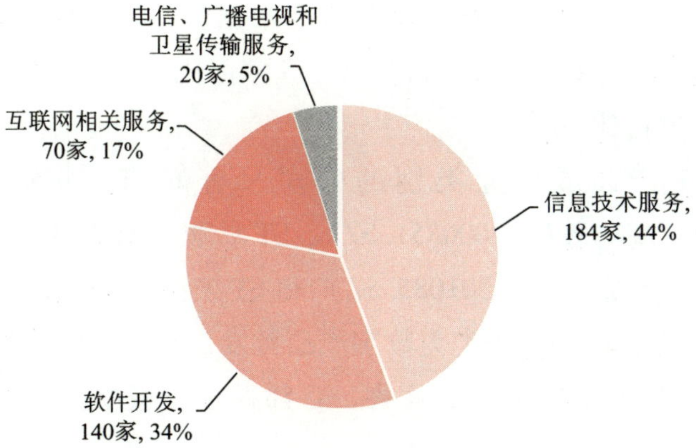

图 3 -9　上市公司数量（数字技术应用业）

分属数字技术应用业的公司共有 414 家，占比第一的是“信息技术服务”，有 184 家公司属于其中，占比 44%；占比第二的是“软件开发”，有

140家公司属于其中，占比34%；占比第三的是“互联网相关服务”，有70家公司属于其中，占比17%；最后是“电信、广播电视和卫星传输服务”，有20家公司属于其中，占比5%。数字要素驱动业的上市公司领域分布如图3－10所示。

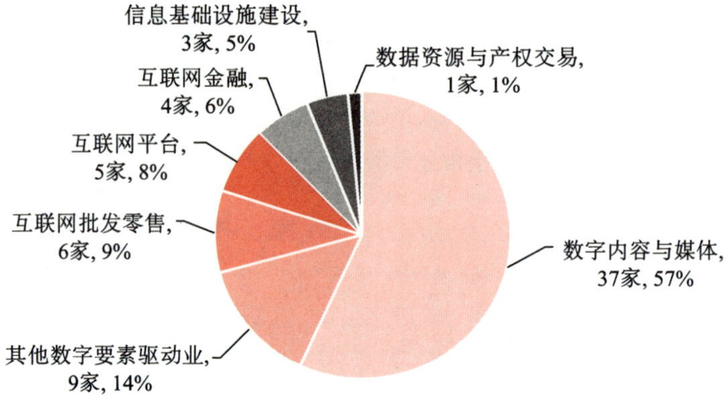

图3－10　上市公司数量（数字要素驱动业）

分属数字要素驱动业的公司有65家，占比第一的是“数字内容与媒体”，有37家公司，占比57%；其余二级中类中公司数量都相对较少，按公司数量从多到少分别为其他数字要素驱动业、互联网批发零售、互联网平台、互联网金融、信息基础设施建设和数据资源与产权交易，数量与占比分别为9家占比14%、6家占比9%、5家占比8%、4家占比6%、3家占比5%和1家占比1%。

分属数字产品服务业类别的公司只有6家，分别是天音控股（000829. SZ）、高鸿股份（000851. SZ）、ST易购（002024. SZ）、百邦科技（300736. SZ）、亚康股份（301085. SZ）和ST宏图（600122. SH），其中天音控股和亚康股二级中类分类为数字产品批发，高鸿股份、苏宁易购和ST宏图二级中类分类为数字产品零售，百邦科技二级中类分类为数字产品维修。

第三节　产业数字化领域上市公司的地区分布

产业数字化在上市公司数量中占比约 76%，分布地区情况如图 3－11 所示。

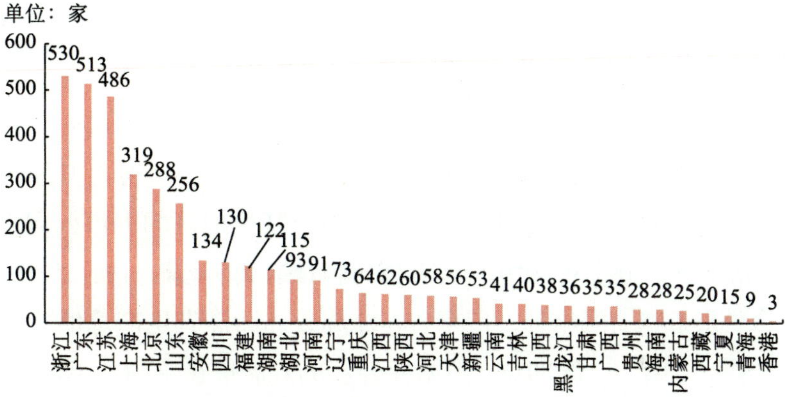

图 3－11　产业数字化上市公司地区分布

可以看出，浙江省、广东省、江苏省、上海市、北京市和山东省这六个省市中的产业数字化领域上市公司数量较多，占整体的 62%。

第四节　数字产业化领域上市公司的地区分布

数字产业化的上市公司 1211 家占上市公司总数约 24%，分布地区情况如图 3－12 所示。

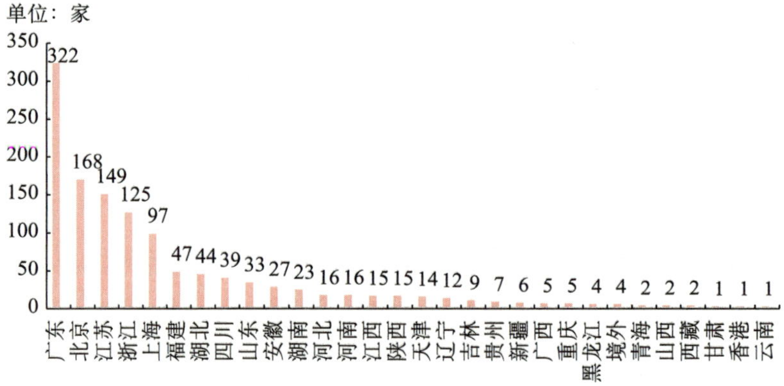

图 3－12　数字产业化上市公司地区分布

可以看出，广东省、北京市、江苏省、浙江省和上海市这五个省市中的数字产业化上市公司数量较多，其占整体的比例为 71%。分析其原因，第一是这五个省市在全部上市公司的数量上就多于其他地区的上市公司，全体 A 股上市公司中，这五个省市中的上市公司合计有 2997 家，占比 59%；第二，2022 年除北京市和上海市外，广东省、江苏省和浙江省生产总值分别位于全国排名的第一、第二、第四位，其数字经济的发展也在全国处于领先地位。

数字产业化领域中数字产品制造业、数字技术应用业、数字要素驱动业的地区分布如图 3－13、图 3－14、图 3－15 所示。

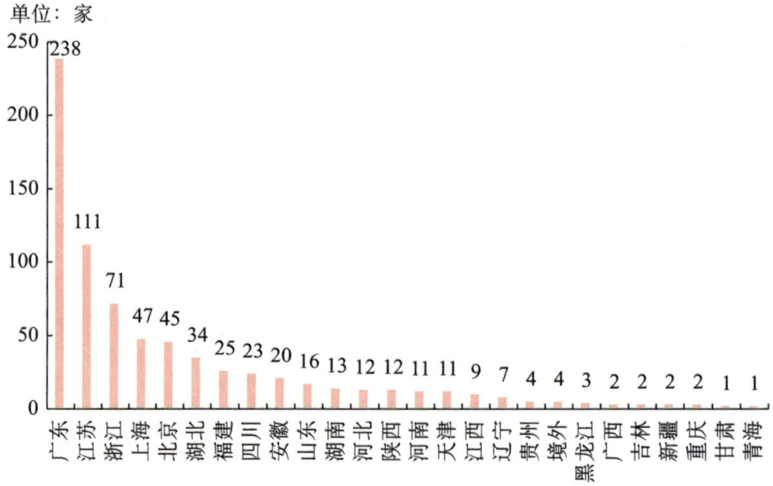

图 3－13　数字产品制造业上市公司地区分布

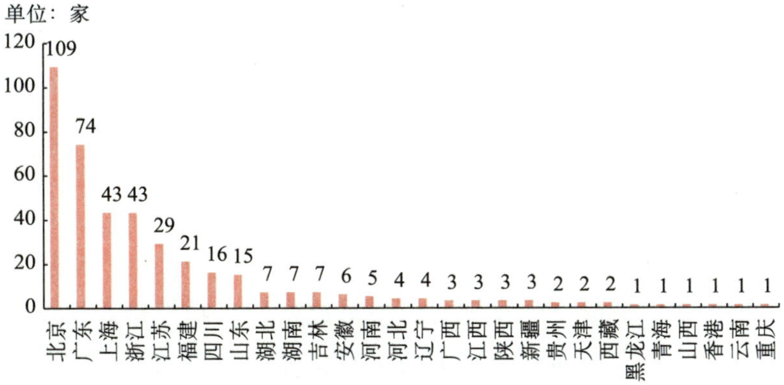

图 3-14　数字技术应用业上市公司地区分布

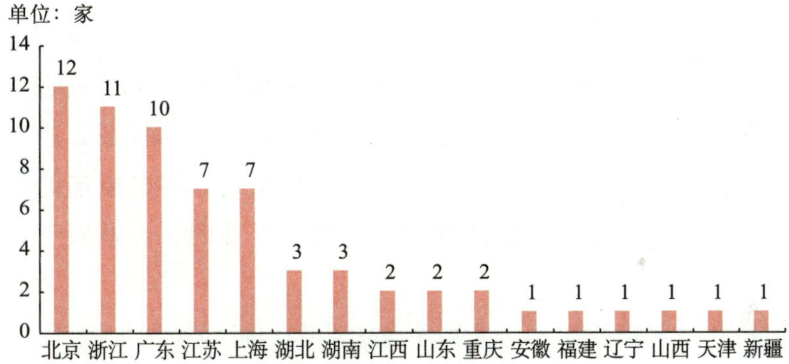

图 3-15　数字要素驱动业上市公司地区分布

1211 家数字产业化领域上市公司中，数字产品制造业占 726 家，广东省有 238 家，明显多于其他省市，随后的四个地区依次是江苏省、浙江省、北京市和上海市。

在数字技术应用业的分布上，北京地区上市公司数量达到了 109 家，位居第一，其次是广东省、上海市、浙江省、江苏省。

属于数字要素驱动业的上市公司总量较少，其中绝大部分仍集中在北京市、广东省、浙江省、江苏省和上海市。其余地区最多只有三家上市公司分属数字要素驱动业。

对于分属数字产品服务业类别的 6 家上市公司，天音控股（000829. SZ）属于江西省，高鸿股份（000851. SZ）属于贵州省、ST 易购（002024. SZ）和 ST 宏图（600122. SH）属于江苏省，百邦科技

（300736. SZ）和亚康股份（301085. SZ）属于北京市。

第五节　产业数字化领域上市公司的控股类型

在本报告中，根据公司股权结构关系披露的实际控制人性质，判定公司属性：企业实控人为国资委、中央国有企业、中央国家机关时，企业控股类型归类为中央国有控股；企业实控人为地方国资委，地方政府，地方国有企业时，企业控股类型归类为地方国有控股；企业实控人为个人时，企业所有制属性归类为自然人控股；企业实控人为个人且国籍为境外或中国香港、中国台湾、中国澳门时，企业所有制属性归类为外商控股；企业实控人为集体企业时，企业所有制属性归类为社团集体控股；企业实控人为大学、其他、职工持股会（工会），无实控人或企业在指定的媒体平台未公开实控人信息且没有其他依据为上述各类企业时，企业所有制属性归类为其他。

根据最新的年报数据，产业数字化上市公司控股情况如图 3－16 所示。

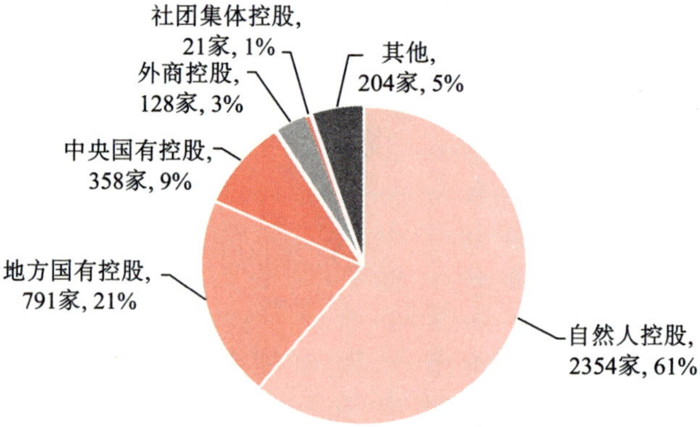

图 3－16　产业数字化上市公司控股情况分布

产业数字化领域上市公司自然人控股占比最高，为 61%；地方国有控股第二，占比为 21%；中央国有控股第三，占比为 9%。

第六节　数字产业化领域上市公司的控股类型

数字产业化领域上市公司的控股情况跟产业数字化领域上市公司控股情况类似，其中自然人控股占比最高，为71%，地方国有控股为第二，占比为9%，其他的控股类型为第三，占比为9%，中央控股类型合计占比为7%。数字产业化上市公司控股情况分布如图3－17所示。

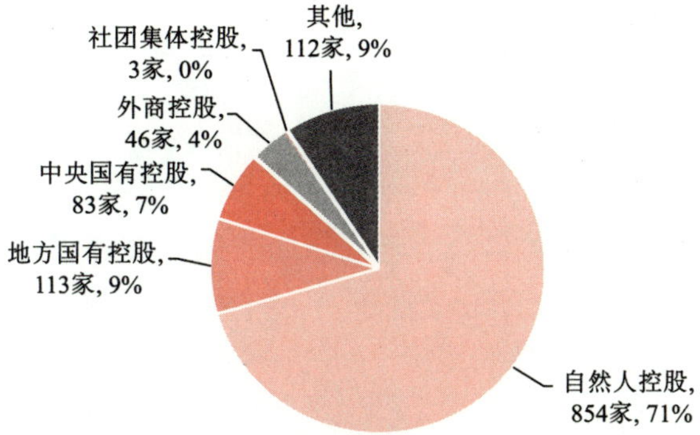

图3－17　数字产业化上市公司控股情况分布

数字经济核心产业中的数字产品制造业、数字技术应用业、数字要素驱动业的公司控股情况如图3－18所示。

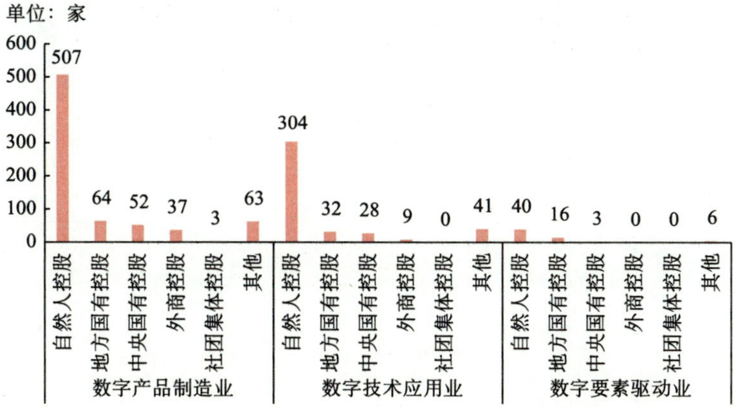

图3－18　数字经济核心产业二级分类控股类型分布

在以上三大产业中，自然人控股均是占比最高的类型。在数字技术应用业中，自然人控股占比最高为73%，在数字要素驱动业中自然人占比为62%；三大产业中，上市公司数量前三的控股类型均为自然人控股、地方国有控股和其他。

第四章　公司分析篇

当前我国经济的人口红利逐渐消退，经济下行压力显著，迫切需要优化经济结构、转换增长动能、由高速发展转变为高质量发展，数字核心技术是推动经济高质量发展的关键。在发展数字经济上升为国家战略之际，一批数字经济核心产业上市公司积极加入这个“风口”。截至2022年年底，数字经济核心产业板块的上市公司的总数量为1211家，较2021年增长了14.46%；总市值为15.78万亿元（2021年年底18.26万亿元），市值较上年降低13.58%。研发投入占营业总收入的比值方面，2022年数字经济核心产业平均为5.7%，高于产业数字化的平均值2.32%；在研发人员投入方面，2022年数字经济核心产业部分研发人员总数约为109万人，产业数字化部分为196万人，数字经济核心产业部分研发人员总数明显少于产业数字化部分；但在研发人员占员工总数比例方面，数字经济核心产业公司总体占比为19.36%，产业数字化部分为8.14%，数字经济核心产业公司明显高于产业数字化部分公司；在硕士、博士人员数量占比方面，数字经济核心产业为6.7%，略微领先于产业数字化的公司的5.6%。在人均薪酬方面，数字经济核心产业也略高于产业数字化公司，2022年数字经济核心产业人均薪酬为21.92万元，产业数字化部门公司人均薪酬为18.05万元。在成长性方面，受疫情等多因素影响，数字经济核心产业2022平均净资产同比增长率为11.06%，较上年降低1.8%；产业数字化部分2022年平均净资产同比增长率为8.21%，较上年降低2.65%。

2021年年底的数字经济核心产业上市共有1058家，与其对比，2022年数字经济核心产业增加了153家公司，但并不全为新上市公司。其中有13家上市公司由于国民经济行业分类的变化由产业数字化部分转变为数字产业化上市公司，有1家上市公司（川发龙蟒，002312. SZ）由数字产业化转变为产业数字化上市公司，有16家数字经济核心产业上市公司退市，同时有157家公司新上市并且分属数字经济核心产业。截至2022年12月31日，此部分新上市公司总市值为2.48万亿元，首发募集资金总额为2844.65亿元；从其市盈率来看，有10家公司市盈率为负，其余公司均为正，最高值达到500；从上市板块上来看，上交所科创板与深交所创业板上市的公司数量最多，分别为69家与55家，其余的有4家公司在上交所主板上市，8家公司在深交所主板上市，21家公司在北交所上市；从其分布辖区来看，江苏、深圳、北京、广东、浙江地区的新上市公司数量分别为前五，具体情况如图4－1所示；从其分布行业来看，计算机、通信和其他电子设备制造业数量最多，为86家，其次为软件和信息技术服务业，为48家，具体如图4－2所示。

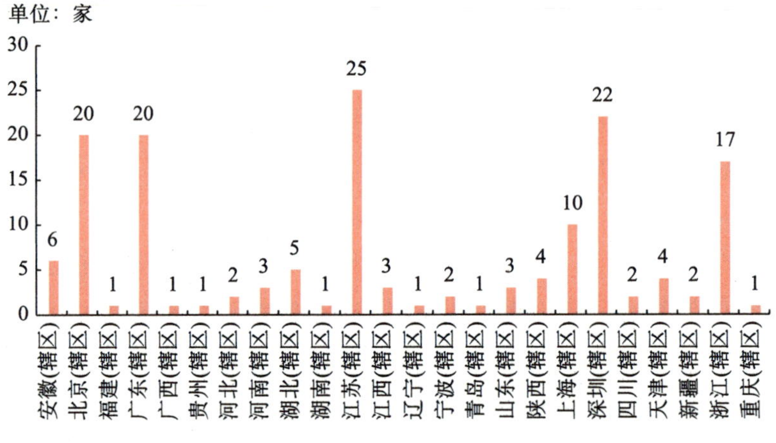

图4－1　2022年新上市数字经济核心产业公司辖区分布

本篇分别从沪、深、北三个交易所的角度，针对数字经济核心产业的公司，从市值变化、融资情况、经营变化、盈利变化、成长能力变化、创新能力变化、人员情况以及人均数据等多个方面进行分析，从微观层面反映上市公司数字经济核心产业发展状况。

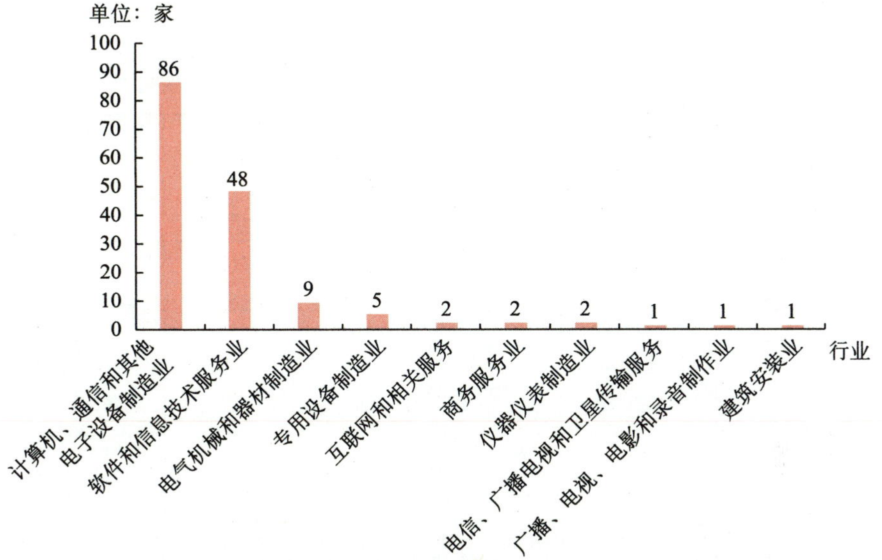

图 4-2　2022 年新上市数字经济核心产业公司行业分布

第一节　上交所上市公司数字经济分析

一、数字经济核心产业上市公司基本情况

根据国家统计局《数字经济及其核心产业统计分类（2021）》对数字经济核心产业的定义以及二级分类划分，截至 2022 年年末，上交所共有 425 家数字经济核心产业上市公司，分布在 18 个二级分类中，结合分类情况，我们选择市值、融资和股权质押三个维度，分析了上市公司近 3 年的基本情况。近 3 年，数字经济核心产业上市公司总市值整体呈现上升趋势，2022 年较 2021 年略有下滑，但较 2020 年取得大幅增长，总市值由 2020 年的 6.04 万亿元增长至 2022 年的 7.92 万亿元。数字经济核心产业上市公司中，电子元器件及设备制造类市值最高，2022 年年末达到 3.34 万亿元。数

字经济核心产业上市公司近3年总市值及其变化如表4-1所示。

表4-1　上交所数字经济核心产业上市公司近三年总市值及其变化　单位：亿元

数字经济二级分类（数字产业化）	2022年年末总市值	2021年年末总市值	2020年年末总市值
电子元器件及设备制造	33440.83	39601.77	25634.57
电信、广播电视和卫星传输服务	16233.00	5976.26	2648.01
软件开发	7365.90	8170.12	9037.56
通信及雷达设备制造	6435.26	8189.85	7944.52
信息技术服务	5015.26	5133.20	3640.92
其他数字产品制造业	3469.03	3703.26	2405.51
计算机制造	2441.92	2683.54	2655.51
互联网相关服务	1634.75	2460.33	2583.88
智能设备制造	1045.78	1613.20	1805.13
数字内容与媒体	786.29	904.53	878.77
互联网平台	441.01	369.69	303.77
数字媒体设备制造	357.57	425.94	320.53
互联网金融	238.99	277.50	339.33
其他数字要素驱动业	116.41	166.38	101.97
信息基础设施建设	105.95	100.82	80.25
互联网批发零售	55.98	97.89	113.08
数字产品零售	17.61	25.13	12.39
数据资源与产权交易	17.60	25.20	22.99
总计	79210.00	79893.79	60420.02

数据来源：Wind金融终端。

从首发募集资金上来看，电子元器件及设备制造首发实际募集资金远超过其他类别，约为排名第二电信、广播电视和卫星传输服务的2.2倍。数字经济核心产业上市公司首发募资情况如表4-2所示。

表4-2　上交所数字经济核心产业上市公司首发募资情况　单位：亿元

数字经济二级分类（数字产业化）	首发募集资金净额
电子元器件及设备制造	2619.72
电信、广播电视和卫星传输服务	1207.57

续表

数字经济二级分类（数字产业化）	首发募集资金净额
通信及雷达设备制造	587.08
信息技术服务	480.28
软件开发	460.96
计算机制造	168.71
其他数字产品制造业	136.57
智能设备制造	114.60
互联网相关服务	102.60
数字内容与媒体	68.97
互联网金融	24.99
数字媒体设备制造	11.23
信息基础设施建设	8.69
其他数字要素驱动业	7.73
互联网平台	4.87
互联网批发零售	4.20
数字产品零售	3.19
数据资源与产权交易	3.10
总计	6010.02

数据来源：Wind 金融终端。

数字经济核心产业上市公司近 3 年增发融资数据可以看出，电子元器件及设备制造一直是增发融资金额最大的行业。互联网批发零售、数字媒体设备制造、数据资源与产权交易、数字内容与媒体、数字产品零售五个行业近 3 年均没有增发融资行为。数字经济核心产业上市公司增发募资情况如表 4－3 所示。

表 4－3 上交所数字经济核心产业上市公司近 3 年增发募资情况及其变化 单位：亿元

数字经济二级分类（数字产业化）	增发募集资金		
	2020 年	2021 年	2022 年
电子元器件及设备制造	904.73	354.26	418.4
软件开发	109.05	31.22	64.11
信息技术服务	118.49	21.57	38.86

续表

数字经济二级分类（数字产业化）	增发募集资金		
	2020 年	2021 年	2022 年
互联网金融	23. 51	0	23. 51
电信、广播电视和卫星传输服务	21. 54	0	21. 54
其他数字要素驱动业	10. 04	0	10. 04
互联网相关服务	134. 88	110. 96	7
其他数字产品制造业	83. 65	6. 16	4. 94
通信及雷达设备制造	243. 73	38. 89	0
计算机制造	81. 5	33. 7	0
智能设备制造	25. 87	0	0
互联网平台	24. 66	0	0
信息基础设施建设	2. 85	0	0
互联网批发零售	0	0	0
数字媒体设备制造	0	0	0
数据资源与产权交易	0	0	0
数字内容与媒体	0	0	0
数字产品零售	0	0	0
总计	1784. 50	596. 76	588. 41

数据来源：Wind 金融终端。

在质押股份的数量上，2022 年，电子元器件及设备制造的质押股份数量最多，其次分别是互联网相关服务、其他数字产品制造业。整体而言，从数字经济核心重点产业的合计股份质押数量来看，近 3 年质押股份数量是整体下降的。数字经济核心产业上市公司质押股份数量情况如表 4 – 4 所示。

表 4 – 4　上交所数字经济核心产业上市公司近 3 年质押股份数量及其变化

单位：亿股

数字经济二级分类（数字产业化）	质押股份数量		
	2020 年	2021 年	2022 年
电子元器件及设备制造	50. 24	41. 47	48. 91
互联网相关服务	54. 46	48. 32	44. 55

续表

数字经济二级分类（数字产业化）	质押股份数量		
	2020 年	2021 年	2022 年
其他数字产品制造业	28.48	22.60	22.63
通信及雷达设备制造	14.85	13.80	13.74
信息技术服务	13.32	10.79	10.17
软件开发	9.94	9.10	9.91
电信、广播电视和卫星传输服务	19.55	12.08	9.29
数字内容与媒体	12.92	6.94	6.99
数字产品零售	3.65	3.65	3.65
智能设备制造	0.50	3.00	3.11
计算机制造	2.61	2.21	2.53
互联网金融	3.70	2.97	2.53
信息基础设施建设	1.96	1.50	1.17
数据资源与产权交易	0.63	0.57	1.01
互联网平台	—	—	0.06
其他数字要素驱动业	0.02	0.01	—
互联网批发零售	—	0.04	—
数字媒体设备制造	0.01	—	—
总计	215.85	178.28	179.51

数据来源：Wind 金融终端。

二、数字经济核心重点产业市值分析

综合考虑二级分类后的数量排序及产业关联度，我们就电子元器件及设备制造、信息技术服务、软件开发、通信及雷达设备制造和计算机制造中上市公司截至 2022 年 12 月 31 日市值进行分析，其总市值变化如图 4－3 所示。

电子元器件及设备制造类总市值最高，除软件开发总市值持续下跌外，其余四个产业近 3 年市值先增后降。对比五类数字经济核心重点产业，列出了其市值排名前二十的上市公司，具体如表 4－5 所示。

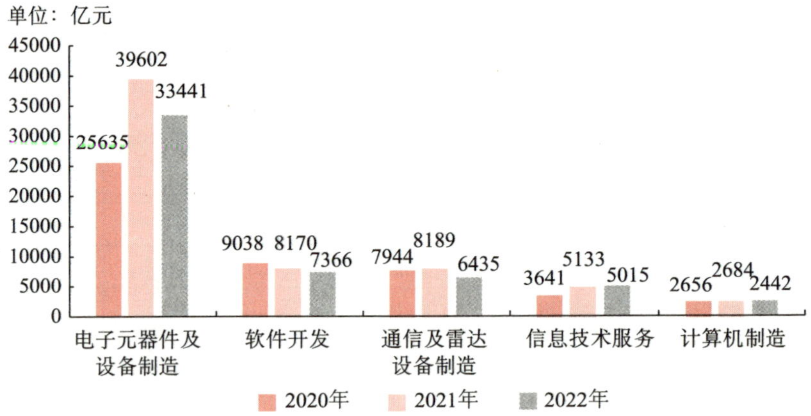

图 4－3　上交所数字经济核心重点产业市值变化情况

数据来源：Wind 金融终端。

表 4－5　　上交所数字经济核心重点产业市值 TOP20　　单位：亿元

电子元器件及设备制造		信息技术服务		软件开发		通信及雷达设备制造		计算机制造	
证券简称	总市值	证券简称	总市值	证券简称	总市值	证券简称	总市值	证券简称	总市值
隆基绿能	3270.64	三七互娱	401.43	科大讯飞	762.89	中兴通讯	1145.46	华大九天	489.03
中芯国际	2259.17	完美世界	246.76	广联达	714.18	紫光股份	558.00	世纪华通	283.94
晶科能源	1660.44	巨人网络	159.59	深信服	467.78	亿联网络	546.29	四维图新	262.31
天合光能	1415.36	恺英网络	141.21	中科创达	458.81	中际旭创	216.50	电科网安	258.25
大全能源	1288.91	网宿科技	136.00	石基信息	314.70	锐捷网络	193.81	软通动力	223.50
海光信息	1217.07	利欧股份	119.56	启明星辰	248.44	海格通信	187.12	东华软件	181.43
韦尔股份	1190.82	二三四五	115.07	朗新科技	233.19	信维通信	159.75	广立微	178.06
三安光电	1119.95	汤姆猫	110.75	卫宁健康	220.79	航天发展	150.59	铖昌科技	136.41
华润微	942.07	国新健康	92.09	太极股份	166.44	华测导航	148.76	易华录	135.89
中微公司	831.82	梦网科技	90.09	润和软件	147.89	振芯科技	137.22	拉卡拉	135.04
正泰电器	679.15	掌趣科技	88.52	千方科技	140.95	雷电微力	134.46	左江科技	133.05
斯达半导	636.93	易点天下	88.29	新大陆	134.27	新易盛	120.43	富瀚微	115.07
沪硅产业－U	635.07	游族网络	84.81	创业慧康	122.55	广和通	113.08	普天科技	114.62
士兰微	616.47	上海钢联	74.07	博思软件	121.17	星网锐捷	111.76	神州信息	105.94
昱能科技	610.09	顺网科技	72.28	远光软件	120.50	光迅科技	109.75	华软科技	92.74
复旦微电	594.47	生意宝	69.50	赛意信息	119.11	海能达	92.80	润建股份	90.88
格科微	588.56	智度股份	67.53	天融信	118.39	胜利精密	90.51	常山北明	89.84

续表

电子元器件及设备制造		信息技术服务		软件开发		通信及雷达设备制造		计算机制造	
证券简称	总市值	证券简称	总市值	证券简称	总市值	证券简称	总市值	证券简称	总市值
爱旭股份	575.65	壹网壹创	66.59	中科江南	114.96	盛路通信	87.31	富满微	88.98
长电科技	523.71	天娱数科	64.69	美亚柏科	110.53	上海瀚讯	82.77	神州泰岳	85.11
固德威	440.00	奥飞数据	60.87	万达信息	100.11	天奥电子	71.46	拓维信息	83.26

数据来源：Wind 金融终端。

三、数字经济核心重点产业融资情况分析

电子元器件及设备制造、信息技术服务、软件开发、通信及雷达设备制造和计算机制造是数字经济核心重点产业，对其融资情况进行分析。

首先是上市公司首发募集资金方面，五类数字经济核心重点产业整体首发募资情况如图 4－4 所示。

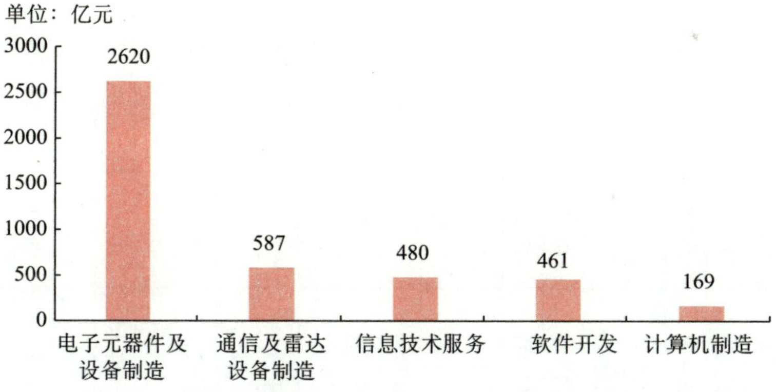

图 4－4　上交所数字经济核心重点产业首发实际募集资金情况

数据来源：Wind 金融终端。

电子元器件及设备制造的首发募集资金仍遥遥领先，首发募集资金最少的为计算机制造，排名第二、第三和第四分别为通信及雷达设备制造、信息技术服务和软件开发。对此五类数字经济核心重点产业，列出了其首发募集资金排名前二十的上市公司，具体如表 4－6 所示。

表 4－6　上交所数字经济核心重点产业首发募集资金 TOP20

单位：亿元

电子元器件及设备制造		信息技术服务		软件开发		通信及雷达设备制造		计算机制造	
证券简称	首发募集	证券简称	首发募集	证券简称	首发募集	证券简称	首发募集	证券简称	首发募集
中芯国际	525.16	纳芯微	55.81	奇安信－U	53.96	工业富联	267.16	经纬恒润－W	34.88
海光信息	105.83	龙芯中科	24.20	金山办公	44.59	信科移动－U	40.11	澜起科技	27.47
晶科能源	97.23	国芯科技	22.62	新点软件	38.27	国博电子	27.43	三未信安	13.71
和辉光电－U	80.02	思瑞浦	21.46	福昕软件	25.86	传音控股	26.75	*ST 紫晶	8.84
翱捷科技－U	65.46	中微半导	18.17	中望软件	21.79	唯捷创芯－U	25.03	菱电电控	8.81
大全能源	60.67	峰岹科技	17.28	财富趋势	17.14	长飞光纤	18.94	通达电气	8.18
恒玄科技	47.59	芯原股份－U	16.78	格灵深瞳－U	16.70	烽火通信	16.29	统联精密	7.73
华润微	42.36	钜泉科技	14.92	云从科技－UW	16.27	理工导航	12.51	春秋电子	7.41
燕东微	37.57	赛微微电	13.55	柏楚电子	16.12	高凌信息	11.10	恒银科技	7.01
格科微	35.08	思维列控	12.74	星环科技－U	13.48	盟升电子	10.54	国盾量子	6.56
华海清科	34.90	希荻微	12.21	虹软科技	12.55	邦彦技术	9.74	佰维存储	5.23
盛美上海	34.81	创耀科技	12.20	嘉和美康	12.40	国光电气	9.06	大豪科技	5.18
振华风光	32.60	乐鑫科技	11.32	安恒信息	9.52	移远通信	9.02	多伦科技	4.20
天岳先进	32.03	亚信安全	11.23	当虹科技	9.30	共进股份	8.46	智明达	3.82
东芯股份	30.64	概伦电子	11.15	品高股份	9.17	环旭电子	7.73	福蓉科技	3.80
昱能科技	30.37	嘉环科技	10.34	开普云	8.97	瑞斯康达	7.20	北方导航	3.68
艾为电子	30.35	晶华微	9.21	用友网络	8.88	震有科技	7.13	中科曙光	3.49
聚和材料	29.20	佳华科技	8.64	山石网科	8.59	波导股份	6.24	同方股份	3.39
长远锂科	26.47	必易微	8.61	致远互联	8.41	威胜信息	6.11	恒为科技	3.17
中科蓝讯	25.89	罗普特	8.19	麒麟信安	8.33	大唐电信	5.80	威帝股份	2.17

数据来源：Wind 金融终端。

在上市公司增发募集资金方面，五类数字经济核心重点产业整体首发募资情况如图 4－5 所示。

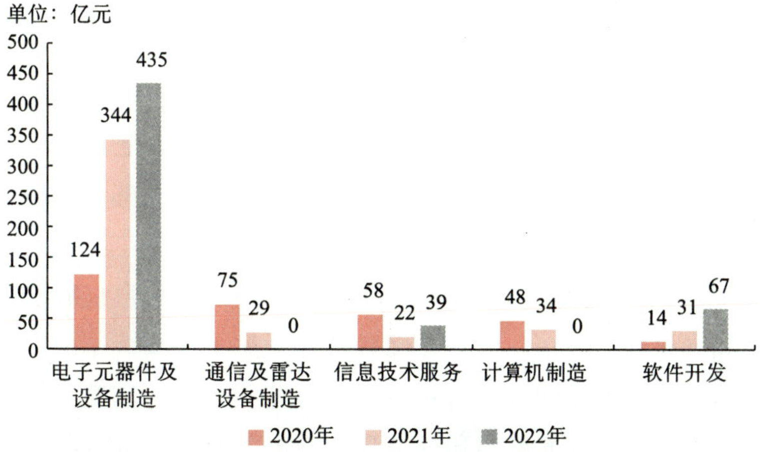

图 4－5　上交所数字经济核心重点产业增发募集资金变化情况

数据来源：Wind 金融终端。

电子元器件及设备制造增发募集资金额最高，但并不是每家公司都在 2022 年度有过增发募资的行为，其中通信及雷达设备制造和计算机制造业在 2022 年均无增发募资行为。因此，仅针对 2022 年度数字经济核心重点产业增发募集资金前五的上市公司进行分析，具体如表 4－7 所示。

表 4－7　上交所数字经济核心重点产业增发募集资金 TOP5　单位：亿元

电子元器件及设备制造		信息技术服务		软件开发	
证券简称	增发募集	证券简称	增发募集	证券简称	增发募集
大全能源	110.00	电科数字	23.36	用友网络	52.9844
三安光电	79.00	中科星图	15.50	柏楚电子	9.7750
沪硅产业－U	50.00			安博通	1.3528
厦钨新能	35.00				
嘉元科技	34.07				

数据来源：Wind 金融终端。

四、数字经济核心重点产业股权质押情况分析

根据二级分类后的数量排序，对电子元器件及设备制造、信息技术服务、软件开发、通信及雷达设备制造和计算机制造数字经济核心重点产业融资情况进行分析。表4－8是此几类核心重点产业截至2022年12月31日股权质押数量排名前二十的上市公司，同时标注出了其质押股权占总股权的比例。

由表4－8可以看出，从数量和占比整体上来看，“彩虹股份”股权质押的数量和占比均为第一，但其在互联网相关服务中仅为个例。又由于不同上市公司每股股价不同且一直在变化，因此主要针对其质押股份占比进行分析。在包含未质押股份公司的情况下，电子元器件及设备制造类股权质押平均占比为13.40%，信息技术服务类股权质押平均占比为10.80%，软件开发类股权质押平均占比为10.80%，通信及雷达设备制造股权质押平均占比为14.61%，计算机制造类股权质押平均占比为11.07%。显然，通信及雷达设备制造股权质押平均占比最高，而信息技术服务类与软件开发类股权质押平均占比位于较低的两位。

五、数字经济核心重点产业经营情况分析

营业收入、经营活动产生的现金流量净额是考察一个上市公司经营情况的重要财务数据。2022年电子元器件及设备制造、信息技术服务、软件开发、通信及雷达设备制造和计算机制造五个数字经济核心重点产业营业收入情况如图4－6所示，整体来看电子元器件及设备制造类营业收入最高，并且其近三年增长迅速，其次是通信及雷达设备制造类，信息技术服务与计算机制造类营业收入较低。除计算机制造2022年的营业收入下降以外，其他类别的营业收入均逐年增长。

数字经济核心重点产业2022年营业收入前二十的上市公司如表4－9所示，通信及雷达设备制造排名第一的公司“工业富联”营业收入最高，

表 4 - 8　　上交所数字经济核心重点产业股权质押数量 TOP20　　单位：万股/%

序号	电子元器件及设备制造		信息技术服务		软件开发		通信及雷达设备制造		计算机制造	
	公司简称	数量及占比	公司简称	数量及占比	公司简称	数量及占比	公司简称	数量及占比	公司简称	数量及占比
1	彩虹股份	155413. 11/43. 31	南威软件	15749/26. 66	用友网络	31152. 01/8. 79	ST 实达	22693. 12/10. 85	春秋电子	15. 58
2	三安光电	58501/11. 73	佳都科技	10800/6. 78	ST 信通	22307. 84/2. 47	七一二	18262. 45/23. 66	* ST 紫晶	29. 58
3	韦尔股份	22908. 1/19. 33	城地香江	6300/13. 98	东软集团	13901. 99/11. 36	闻泰科技	16546. 07/30. 83	恒为科技	4. 63
4	综艺股份	20320/15. 63	华胜天成	5780. 93/5. 27	新智认知	11268/25. 45	南京熊猫	10509. 14/11. 5	统联精密	0. 71
5	亿晶光电	20000/16. 77	中贝通信	5628/16. 01	金证股份	10240/10. 88	波导股份	9400/12. 24	国盾量子	4. 83
6	依顿电子	14687. 09/14. 71	纵横通信	3995/19. 91	浙大网新	8265/8. 04	华脉科技	2895. 56/18. 03		
7	天通股份	13405. 2/10. 87	金桥信息	2632. 8/7. 16	麦迪科技	1105. 24/8. 61	ST 美讯	2276. 56/7. 98		
8	士兰微	13000/9. 18	超讯通信	2298. 4/14. 57			易德龙	2238/13. 87		
9	华微电子	13000/13. 54	思维列控	1510/3. 96			剑桥科技	640/2. 5		
10	隆基绿能	9100/1. 2	鼎信通信	1368. 95/1. 57						
11	爱旭股份	8682. 94/8. 87								
12	联创光电	7648. 77/18. 98								
13	旭光电子	7099. 7/11. 99								
14	上海贝岭	5969. 63/8. 38								
15	徕木股份	5359. 67/16. 32								
16	正泰电器	5000/2. 33								
17	宏发股份	4908/8. 54								
18	东尼电子	4787/20. 59								
19	博敏电子	4583/8. 97								
20	立昂微	4536. 9/6. 7								

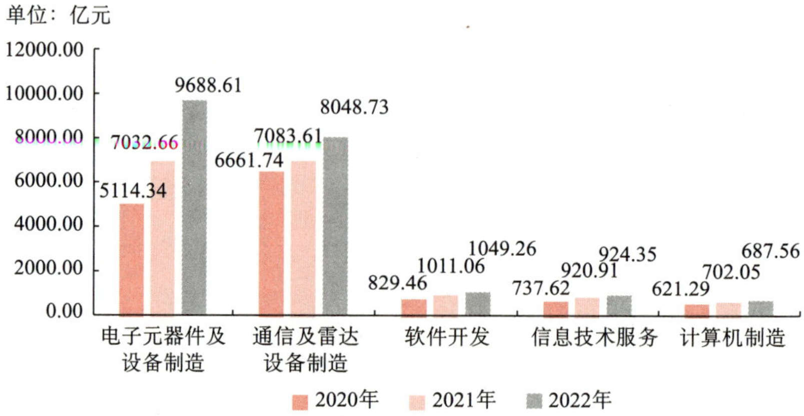

图 4－6　上交所数字经济核心重点产业营业收入变化情况

达到 5118. 50 亿元，除排名第一的产业以外，电子元器件及设备制造类的营业收入最高，其排名二十的公司的营业收入也比信息技术类排名第一的公司高：除了前十名的公司以外，计算机制造类的营业收入最低，其中排名二十的公司“威帝股份”的营业收入仅有 0. 74 亿元。

从现金流量净额来看，电子元器件及设备制造的经营现金流量净额最高，排名第二的是通信及雷达设备制造；只有电子元器件及设备制造近 3 年的经营现金流量净额是逐年增长的，而软件开发类近 3 年的现金流量净额逐年递减。信息技术类在 2022 年的现金流量净额为负。数字经济核心重点产业经营活动产生的现金流量净额如图 4－7 所示。

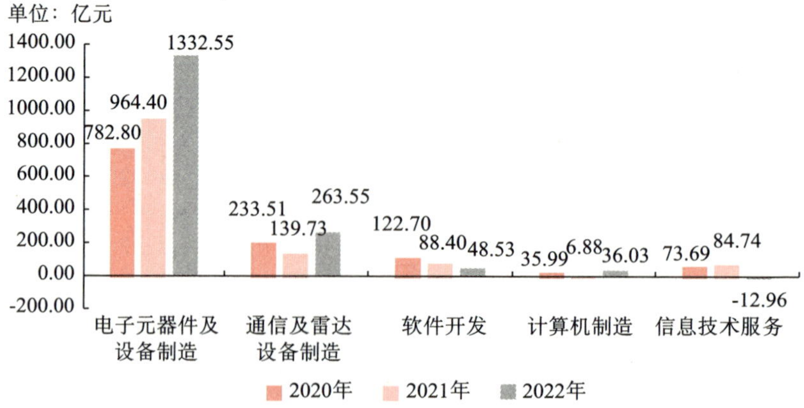

图 4－7　上交所数字经济核心重点产业经营活动产生的现金流量净额

表 4－9　上交所数字经济核心重点产业 2022 年营业收入 TOP20

单位：亿元

序号	电子元器件及设备制造		信息技术服务		软件开发		通信及雷达设备制造		计算机制造	
	公司简称	营业收入	公司简称	营业收入	公司简称	营业收入	公司简称	营业收入	公司简称	营业收入
1	隆基绿能	1289.98	电科数字	98.72	宝信软件	131.50	工业富联	5118.50	同方股份	237.61
2	天合光能	850.52	兆易创新	81.30	中国软件	96.40	环旭电子	685.16	中科曙光	130.08
3	晶科能源	826.76	国网信通	76.15	东软集团	94.66	闻泰科技	580.79	*ST 方科	48.89
4	中芯国际	495.16	佳都科技	53.36	用友网络	92.62	传音控股	465.96	经纬恒润	40.22
5	正泰电器	459.74	云赛智联	45.34	中科软	67.05	烽火通信	309.18	春秋电子	38.45
6	爱旭股份	350.75	华胜天成	40.70	恒生电子	65.02	移远通信	142.30	北方导航	38.39
7	长电科技	337.62	嘉环科技	39.32	金证股份	64.78	长飞光纤	138.30	澜起科技	36.72
8	大全能源	309.40	鼎信通信	31.15	奇安信	62.23	共进股份	109.74	佰维存储	29.86
9	容百科技	301.23	城地香江	26.84	浙大网新	41.29	信科移动	69.19	福蓉科技	22.54
10	厦钨新能	287.51	芯原股份	26.79	金山办公	38.85	南京熊猫	41.54	大豪科技	15.98
11	韦尔股份	200.78	中贝通信	26.43	新点软件	28.24	七一二	40.40	恒为科技	7.71
12	航天信息	193.14	*ST 中安	25.42	泛微网络	23.31	剑桥科技	37.86	多伦科技	7.40
13	生益科技	180.14	航天宏图	24.57	浪潮软件	20.74	国博电子	34.61	菱电电控	7.12
14	长远锂科	179.75	超讯通信	20.26	安恒信息	19.80	东方通信	32.30	恒银科技	5.85
15	三安光电	132.22	思瑞浦	17.83	税友股份	16.98	国睿科技	32.25	智明达	5.41
16	京运通	121.99	南威软件	17.40	信雅达	15.38	四创电子	27.21	统联精密	5.09
17	宏发股份	117.33	亚信安全	17.21	新致软件	13.15	唯捷创芯	22.88	通达电气	4.77
18	景旺电子	105.14	纳芯微	16.70	致远互联	10.32	瑞斯康达	21.56	三未信安	3.40
19	华润微	100.60	中科星图	15.77	新智认知	9.63	威胜信息	20.04	国盾量子	1.35
20	亿晶光电	100.23	正元地信	13.16	柏楚电子	8.98	易德龙	19.73	威帝股份	0.74

表 4－10　上交所数字经济核心重点产业经营现金流量净额 TOP20

单位：亿元

序号	电子元器件及设备制造		信息技术服务		软件开发		通信及雷达设备制造		计算机制造	
	公司简称	现金流量	公司简称	现金流量	公司简称	现金流量	公司简称	现金流量	公司简称	现金流量
1	中芯国际	365.91	兆易创新	9.50	宝信软件	25.22	工业富联	153.66	中科曙光	11.25
2	隆基绿能	243.70	国网信通	8.51	金山办公	16.03	环旭电子	34.35	澜起科技	6.89
3	大全能源	153.67	思瑞浦	5.30	恒生电子	11.38	传音控股	19.79	福蓉科技	6.21
4	天合光能	92.37	城地香江	3.67	东软集团	6.73	闻泰科技	16.64	*ST 方科	4.78
5	长电科技	60.12	思维列控	2.27	柏楚电子	6.19	长飞光纤	15.95	北方导航	4.70
6	爱旭股份	52.29	云赛智联	2.13	浙大网新	3.56	移远通信	5.02	春秋电子	3.43
7	正泰电器	50.96	华胜天成	2.07	用友网络	2.86	国睿科技	4.41	大豪科技	2.18
8	晶科能源	40.84	纵横通信	1.30	中科软	2.81	共进股份	3.70	多伦科技	1.96
9	华润微	30.58	金桥信息	1.06	泛微网络	2.33	三峡新材	3.13	统联精密	1.30
10	生益科技	28.20	钜泉科技	1.03	金证股份	2.30	东方通信	2.71	国盾量子	0.74
11	彩虹股份	27.74	国新文化	0.99	浪潮软件	2.13	威胜信息	2.57	经纬恒润	0.53
12	航天信息	18.64	电科数字	0.79	财富趋势	2.01	波导股份	1.71	同方股份	0.48
13	宏发股份	15.95	信安世纪	0.73	顶点软件	1.96	南京熊猫	1.50	恒为科技	0.25
14	景旺电子	15.55	乐鑫科技	0.71	格灵深瞳	1.55	有方科技	1.25	通达电气	0.23
15	立昂微	11.95	概伦电子	0.70	凌志软件	1.39	四创电子	1.18	三未信安	−0.06
16	新疆众和	10.73	新炬网络	0.62	新点软件	0.93	瑞斯康达	1.13	威帝股份	−0.12
17	法拉电子	10.41	超讯通信	0.57	税友股份	0.90	ST 实达	0.85	菱电电控	−0.31
18	世运电路	9.88	芯朋微	0.52	中望软件	0.87	华脉科技	0.76	恒银科技	−0.42
19	火炬电子	9.26	中贝通信	0.51	福昕软件	0.58	邦彦技术	0.61	智明达	−1.06
20	甬矽电子	9.00	南威软件	0.49	麦迪科技	0.51	映翰通	0.58	佰维存储	−6.93

针对数字经济核心重点产业2022年经营现金流量净额前二十的上市公司进行分析，具体如表4－10所示。电子元器件及设备制造类的产业经营活动产生的现金流量净额远高于同名次的其他类别，其中最高者“中芯国际”的经营现金流量净额达到了365.91亿元。接下来是通信及雷达设备制造类，其中第一名“工业富联”的现金流量净额是第二名“环旭电子”的四倍多。计算机制造产业从第十五名的公司开始，经营现金流量净额变为负值。在这五类核心重点产业中，有四家公司的经营现金流量净额达到了100亿元以上。

六、数字经济核心重点产业盈利能力分析

盈利能力是指企业获取利润、为企业的资金或资本增值的能力，利润率越高，盈利能力就越强。通过分析上市公司年报披露的净利润、净资产以及净资产收益率，可基本了解电子元器件及设备制造、信息技术服务、软件开发、通信及雷达设备制造和计算机制造五个数字经济核心重点产业的上市公司获利能力。首先对数字经济核心重点产业近3年净利润整体情况进行分析，其净利润变化情况如图4－8所示。

图4－8　上交所数字经济核心重点产业净利润变化情况

由图 4－8 可以看出，电子元器件及设备制造在 3 年内的净利润总额最高，其次是通信及雷达设备制造类，信息技术服务与计算机制造总额较低。在 2022 年，电子元器件及设备制造与计算机制造的净利润增加，而其他类别均出现降低，其中计算机制造类 2022 年的净利润同比增加了七倍多。数字经济核心重点产业 2022 年净利润前二十的上市公司情况如表 4－11 所示。

由表 4－11 可以看出，通信及设备制造的公司“工业富联”的净利润排名第一，达到了 200. 84 亿元。除排名第一的公司以外，电子元器件及设备制造类的净利润远高于其他类别，接下来是通信及雷达设备制造，而计算机制造的净利润较低，最高者仅有 16. 17 亿元。通信及雷达设备制造的最高者“工业富联”的净利润比第二名“环旭电子”的六倍还多。计算机制造类的前二十名公司中，有五家的净利润为负值。接下来对数字经济核心重点产业近 3 年净资产整体情况进行分析，其净资产变化情况如图 4－9 所示。

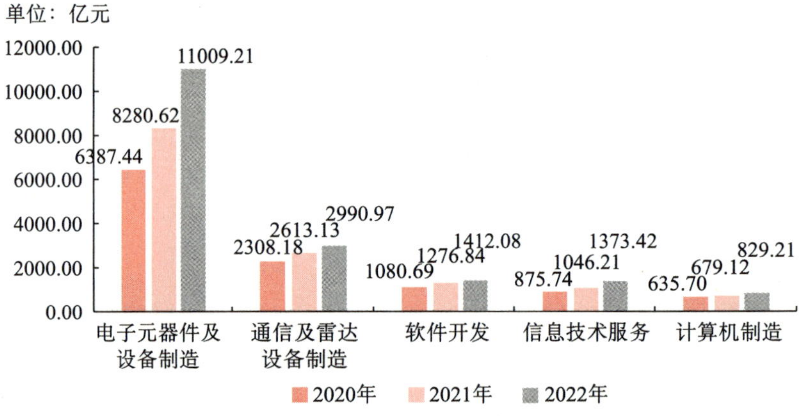

图 4－9　上交所数字经济核心重点产业净资产变化情况

由图 4－9 可以看出，电子元器件及设备制造的净资产总额最高，接下来是通信及雷达设备制造；与净利润不同的是，七类产业的净资产在 3 年内均逐年增加，针对数字经济核心重点产业 2022 年净资产前二十的上市公司进行分析，具体如表 4－12 所示。

表 4－11　**上交所数字经济核心重点产业净利润 TOP20**　单位：亿元

序号	电子元器件及设备制造		信息技术服务		软件开发		通信及雷达设备制造		计算机制造	
	公司简称	净利润	公司简称	净利润	公司简称	净利润	公司简称	净利润	公司简称	净利润
1	大全能源	191.21	兆易创新	20.53	宝信软件	22.51	工业富联	200.84	中科曙光	16.17
2	隆基绿能	147.63	国网信通	8.02	金山办公	11.31	环旭电子	30.60	澜起科技	12.99
3	中芯国际	146.54	电科数字	5.32	恒生电子	11.20	传音控股	24.67	大豪科技	4.56
4	正泰电器	47.20	思维列控	3.62	中科软	6.39	闻泰科技	13.60	福蓉科技	3.91
5	天合光能	36.53	中科星图	3.03	新点软件	5.73	长飞光纤	11.61	北方导航	2.57
6	长电科技	32.31	思瑞浦	2.67	柏楚电子	4.92	七一二	7.76	经纬恒润	2.35
7	晶科能源	29.36	航天宏图	2.64	金证股份	2.64	移远通信	6.21	春秋电子	1.34
8	华润微	25.99	纳芯微	2.50	中国软件	2.44	国睿科技	5.53	三未信安	1.07
9	爱旭股份	23.29	嘉环科技	2.14	用友网络	2.25	国博电子	5.21	统联精密	0.96
10	航天信息	20.62	钜泉科技	2.00	泛微网络	2.23	烽火通信	4.09	智明达	0.75
11	宏发股份	16.89	云赛智联	1.88	顶点软件	1.64	威胜信息	4.02	恒为科技	0.75
12	生益科技	16.32	信安世纪	1.64	浙大网新	1.54	共进股份	2.26	佰维存储	0.71
13	新疆众和	15.63	南威软件	1.52	财富趋势	1.54	长江通信	1.86	菱电电控	0.67
14	长远锂科	14.90	峰岹科技	1.42	税友股份	1.43	易德龙	1.84	多伦科技	0.43
15	容百科技	13.74	国新文化	1.34	凌志软件	1.41	剑桥科技	1.71	威帝股份	0.01
16	中微公司	11.68	天德钰	1.30	麒麟信安	1.29	国光电气	1.66	国盾量子	-0.86
17	厦钨新能	11.30	鼎信通信	1.19	开普云	1.20	东方通信	1.34	通达电气	-1.05
18	海光信息	11.25	中贝通信	1.11	致远互联	0.98	大唐电信	1.11	恒银科技	-1.52
19	复旦微电	11.17	亚信安全	0.98	龙软科技	0.80	三旺通信	0.95	*ST 方科	-4.25
20	景旺电子	10.81	乐鑫科技	0.97	浪潮软件	0.64	高凌信息	0.88	同方股份	-6.62

表 4－12　**上交所数字经济核心重点产业净资产 TOP20**　单位：亿元

序号	电子元器件及设备制造		信息技术服务		软件开发		通信及雷达设备制造		计算机制造	
	公司简称	净资产	公司简称	净资产	公司简称	净资产	公司简称	净资产	公司简称	净资产
1	中芯国际	2017.05	兆易创新	151.86	用友网络	125.18	工业富联	1293.34	同方股份	199.68
2	隆基绿能	622.54	纳芯微	64.99	宝信软件	106.60	闻泰科技	366.14	中科曙光	177.41
3	大全能源	455.42	国网信通	57.35	奇安信	99.69	传音控股	158.65	澜起科技	99.27
4	正泰电器	415.42	佳都科技	54.28	东软集团	93.12	环旭电子	157.50	经纬恒润	53.00
5	三安光电	379.47	华胜天成	50.93	金山办公	87.98	长飞光纤	145.37	*ST 方科	34.52
6	天合光能	287.96	云赛智联	47.30	恒生电子	74.74	烽火通信	135.22	北方导航	32.35
7	晶科能源	266.90	思维列控	44.35	新点软件	56.16	信科移动	70.21	春秋电子	27.87
8	长电科技	246.43	电科数字	43.27	柏楚电子	43.05	国博电子	56.36	佰维存储	24.22
9	华润微	206.96	龙芯中科	38.91	新智认知	40.01	共进股份	51.50	大豪科技	21.64
10	彩虹股份	197.91	思瑞浦	37.86	金证股份	38.89	国睿科技	51.23	三未信安	18.83
11	沪硅产业	195.46	城地香江	34.17	浙大网新	35.73	七一二	43.74	福蓉科技	18.73
12	海光信息	182.30	中科星图	33.56	中国软件	35.60	唯捷创芯	38.32	多伦科技	17.39
13	韦尔股份	181.00	鼎信通信	33.24	财富趋势	31.69	南京熊猫	38.10	国盾量子	16.46
14	航天信息	177.23	中微半导	31.88	安恒信息	29.24	移远通信	37.20	通达电气	15.65
15	和辉光电	158.05	芯原股份	29.07	中科软	27.59	东方通信	34.01	菱电电控	15.18
16	中微公司	154.83	国芯科技	28.21	中望软件	27.33	四创电子	27.55	恒银科技	14.74
17	生益科技	152.96	南威软件	27.85	福昕软件	26.62	威胜信息	27.50	恒为科技	12.65
18	燕东微	145.24	航天宏图	27.09	虹软科技	25.80	长江通信	21.90	统联精密	12.17
19	京运通	112.34	国新文化	26.85	税友股份	24.50	瑞斯康达	19.52	智明达	9.82
20	宏发股份	99.53	亚信安全	26.47	格灵深瞳	23.60	剑桥科技	19.26	威帝股份	7.64

在净资产方面，电子元器件及设备制造对于其他类别的产业具有压倒性优势，排名前十九的公司均达到了百亿元以上，其中最高者“中芯国际”的净资产达到了 2017.05 亿元。除“中芯国际”以外，“工业富联”的净资产也达到了千亿元以上。计算机制造类的净资产数额最低，排名二十的公司“威帝股份”仅有 7.64 亿元。

接下来对数字经济核心重点产业近 3 年平均净资产收益率整体情况进行分析，在舍去极端样本后，其平均净资产收益率变化情况如图 4 – 10 所示。

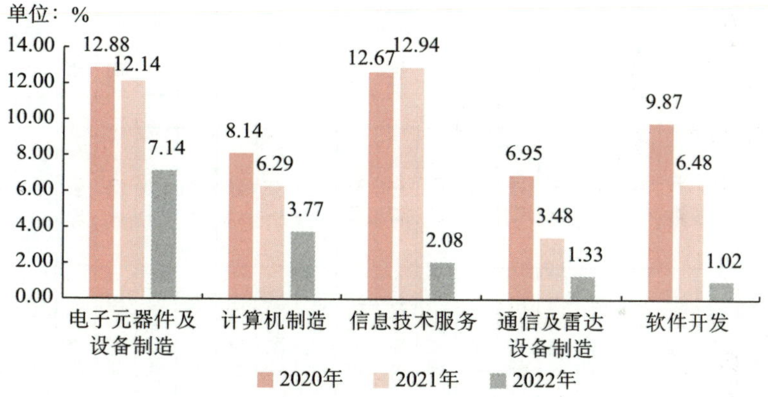

图 4 – 10　上交所数字经济核心重点产业平均净资产收益率变化情况

整体来看，除信息技术服务的净资产收益率在 2021 年提高以外，其他产业类别近 3 年均为下降趋势。信息技术服务类在 2022 年的平均净资产收益率下降最多，由 2021 年的 12.94% 下降至 2022 年的 2.08% 。针对数字经济核心重点产业 2022 年净资产收益率前二十的上市公司进行分析，具体如表 4 – 13 所示。

由表 4 – 13 可以看出，“大全能源”的净资产收益率最高，达到了 61.67% ，是电子元器件及设备制造第二名“固德威”的两倍左右。电子元器件及设备制造类的资产收益率高于其他产业类别同名次公司，其中排名二十的“宏发股份”也达到了 17.76% 的净资产收益率。而由于部分数据未披露，计算机制造类仅有 19 家公司作为样本，其中十六名以后的公司的净资产收益率均为负值。

表 4－13　上交所数字经济核心重点产业净资产收益率（ROE）TOP20

单位：%

序号	电子元器件及设备制造		信息技术服务		软件开发		通信及雷达设备制造		计算机制造	
	公司简称	ROE	公司简称	ROE	公司简称	ROE	公司简称	ROE	公司简称	ROE
1	大全能源	61.67	钜泉科技	17.37	中科软	23.76	环旭电子	21.23	福蓉科技	22.23
2	固德威	33.18	信安世纪	15.04	宝信软件	23.06	七一二	19.56	大豪科技	21.72
3	爱旭股份	32.93	国网信通	14.75	恒生电子	17.45	移远通信	17.98	澜起科技	14.20
4	复旦微电	28.07	电科数字	14.72	麒麟信安	15.30	传音控股	16.65	中科曙光	10.40
5	隆基绿能	27.03	兆易创新	14.32	金山办公	13.59	工业富联	16.18	三未信安	9.44
6	法拉电子	26.80	嘉环科技	14.31	柏楚电子	13.20	易德龙	15.06	统联精密	8.08
7	宏昌电子	24.55	创耀科技	10.79	龙软科技	13.20	威胜信息	15.05	智明达	8.07
8	安集科技	22.14	航天宏图	10.65	顶点软件	12.71	三旺通信	12.77	北方导航	7.67
9	鸿远电子	22.00	峰岹科技	10.61	泛微网络	11.78	国博电子	12.72	经纬恒润	6.88
10	容百科技	21.84	中科星图	10.45	凌志软件	10.80	长飞光纤	11.71	恒为科技	6.25
11	可川科技	20.94	天德钰	9.63	新点软件	10.59	国睿科技	11.19	春秋电子	5.99
12	聚辰股份	20.57	思维列控	8.10	开普云	7.85	国光电气	9.86	菱电电控	4.58
13	新疆众和	20.35	霍莱沃	8.07	金证股份	7.42	剑桥科技	9.35	佰维存储	3.36
14	长远锂科	20.34	思瑞浦	7.67	和达科技	7.09	映翰通	8.97	多伦科技	3.16
15	厦钨新能	18.78	超讯通信	7.19	永信至诚	6.58	长江通信	8.63	威帝股份	0.58
16	华峰测控	18.27	纳芯微	7.11	致远互联	6.54	大唐电信	8.11	同方股份	−5.01
17	昱能科技	17.98	浩瀚深度	6.97	税友股份	5.90	高凌信息	6.99	国盾量子	−5.23
18	华海清科	17.92	金橙子	6.71	财富趋势	4.90	理工导航	6.29	通达电气	−6.46
19	新洁能	17.79	中贝通信	6.23	山大地纬	4.82	共进股份	4.49	恒银科技	−9.81
20	宏发股份	17.76	芯朋微	6.02	嘉和美康	3.84	瑞斯康达	4.22		

接下来对数字经济核心重点产业近 3 年投入资本回报率（ROIC）整体情况进行分析，其投入资本回报率变化情况如图 4－11 所示。

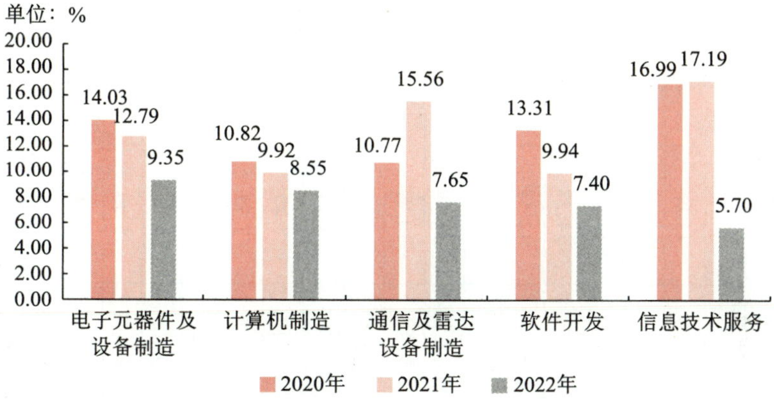

图 4－11　上交所数字经济核心重点产业平均投入资本回报率变化情况

从平均投入资本回报率上来看，电子元器件及设备制造在 2022 年的平均投入资本回报率最高。在 2022 年，五类数字经济核心重点产业的平均投入资本回报率均有所下降，其中信息技术服务类下降的最多，是 2021 年平均投入资本回报率的 1/3 左右。

针对数字经济核心重点产业 2022 年投入资本回报率前二十的上市公司进行分析，具体如表 4－14 所示。

在投入资本回报率中，由于部分数据未披露，2022 年计算机制造类别仅以 8 家上市公司作为样本。电子元器件及设备制造的投入资本回报率高于其他行业，其最高者“大全能源”的投入资本回报率达到了 60.90%。除电子元器件及设备制造类以外，其他产业同名次公司的投入资本回报率相差不多。

七、数字经济核心重点产业创新能力分析

创新能力是指技术和各种实践活动领域中不断提供具有经济价值、社会价值、生态价值的新思想、新理论、新方法和新发明的能力，选择电子元器件及设备制造、信息技术服务、软件开发、通信及雷达设备制造和计

表 4－14　　上交所数字经济核心重点产业投入资本回报率（ROIC）TOP20

单位：%

序号	电子元器件及设备制造		信息技术服务		软件开发		通信及雷达设备制造		计算机制造	
	公司简称	ROIC	公司简称	ROIC	公司简称	ROIC	公司简称	ROIC	公司简称	ROIC
1	大全能源	60. 90	钜泉科技	16. 59	中科软	21. 78	七一二	17. 45	福蓉科技	20. 86
2	固德威	30. 38	信安世纪	14. 82	宝信软件	20. 82	传音控股	14. 68	大豪科技	20. 53
3	法拉电子	25. 71	国网信通	13. 69	恒生电子	15. 37	易德龙	14. 54	澜起科技	13. 36
4	复旦微电	25. 58	兆易创新	13. 34	麒麟信安	15. 26	环旭电子	14. 29	三未信安	9. 28
5	隆基绿能	23. 06	嘉环科技	12. 81	金山办公	13. 33	威胜信息	14. 22	智明达	7. 82
6	宏昌电子	22. 71	电科数字	12. 04	龙软科技	12. 73	国博电子	12. 54	统联精密	7. 48
7	爱旭股份	21. 98	中科星图	10. 91	柏楚电子	12. 29	三旺通信	11. 82	中科曙光	7. 41
8	安集科技	21. 38	峰岹科技	9. 99	顶点软件	11. 00	移远通信	11. 20	北方导航	7. 34
9	可川科技	20. 86	霍莱沃	9. 36	凌志软件	10. 68	国睿科技	10. 89	恒为科技	5. 44
10	聚辰股份	19. 65	创耀科技	8. 35	新点软件	10. 33	工业富联	10. 83	经纬恒润	4. 82
11	鸿远电子	19. 64	天德钰	8. 26	泛微网络	10. 06	映翰通	8. 79	菱电电控	4. 39
12	华峰测控	17. 30	航天宏图	8. 03	开普云	7. 44	国光电气	8. 25	春秋电子	4. 29
13	瑞可达	16. 81	思维列控	7. 52	永信至诚	6. 51	剑桥科技	7. 79	多伦科技	3. 39
14	昱能科技	16. 51	思瑞浦	7. 29	中国软件	5. 97	长飞光纤	7. 05	佰维存储	3. 22
15	长远锂科	16. 29	浩瀚深度	6. 49	金证股份	5. 87	高凌信息	6. 63		
16	新洁能	16. 20	纳芯微	6. 48	和达科技	5. 69	大唐电信	5. 90		
17	厦钨新能	16. 17	金橙子	6. 11	致远互联	5. 27	理工导航	5. 61		
18	华海清科	16. 15	芯朋微	5. 52	山大地纬	4. 31	邦彦技术	4. 94		
19	晶晨股份	15. 66	中贝通信	5. 50	浙大网新	4. 19	瑞斯康达	3. 76		
20	宏发股份	15. 54	乐鑫科技	5. 11	税友股份	3. 76	闻泰科技	3. 29		

算机制造这几类中的上市公司，对年报中研发支出及其占比两方面，可考察出数字经济核心产业上市公司内在的创新活力。

对数字经济核心重点产业研发支出的近 3 年变化情况进行分析，具体如图 4－12 所示。

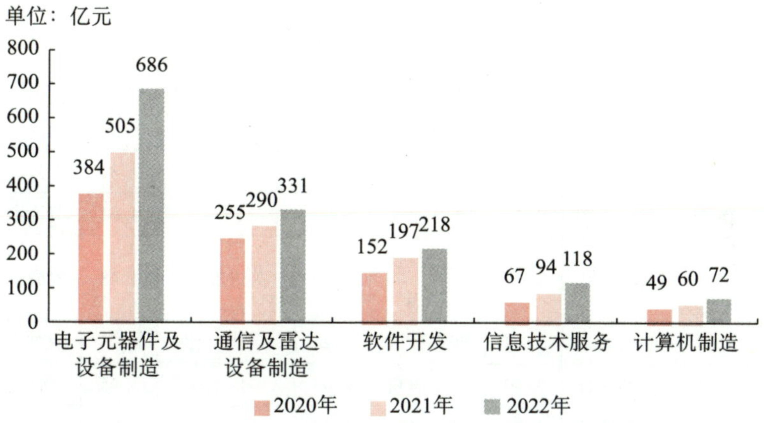

图 4－12　上交所数字经济核心重点产业研发支出变化情况

数据来源：Wind 金融终端。

在这五类行业中，近 3 年研发支出均呈增长趋势。电子元器件及设备制造类研发支出总额最高，并且增速也最快。针对数字经济核心重点产业 2022 年研发支出前二十的上市公司进行分析，具体如表 4－15 所示。

表 4－15　　上交所数字经济核心重点产业研发支出 TOP20　　单位：亿元

电子元器件及设备制造		信息技术服务		软件开发		通信及雷达设备制造		计算机制造	
证券简称	研发支出	证券简称	研发支出	证券简称	研发支出	证券简称	研发支出	证券简称	研发支出
隆基绿能	71.41	兆易创新	10.29	用友网络	29.30	工业富联	115.88	中科曙光	24.72
晶科能源	56.15	芯原股份－U	8.37	恒生电子	23.46	闻泰科技	45.65	同方股份	15.98
中芯国际	49.53	思瑞浦	6.56	中国软件	18.98	烽火通信	43.94	经纬恒润－W	6.83
天合光能	46.21	国网信通	5.99	奇安信－U	16.94	传音控股	20.78	澜起科技	5.63

续表

电子元器件及设备制造		信息技术服务		软件开发		通信及雷达设备制造		计算机制造	
证券简称	研发支出	证券简称	研发支出	证券简称	研发支出	证券简称	研发支出	证券简称	研发支出
韦尔股份	32.18	鼎信通信	4.99	宝信软件	14.32	环旭电子	20.34	*ST方科	2.81
海光信息	20.67	电科数字	4.84	金山办公	13.31	移远通信	13.35	北方导航	2.27
汇顶科技	19.33	纳芯微	4.04	东软集团	9.69	信科移动-U	13.32	菱电电控	1.69
航天信息	16.21	龙芯中科	3.98	中科软	8.99	七一二	8.09	春秋电子	1.67
三安光电	15.99	云赛智联	3.61	安恒信息	6.46	长飞光纤	7.84	大豪科技	1.64
爱旭股份	13.78	中科星图	3.42	金证股份	6.36	唯捷创芯-U	4.62	恒为科技	1.46
长电科技	13.13	乐鑫科技	3.37	云从科技-UW	5.60	共进股份	4.48	国盾量子	1.36
晶晨股份	11.85	亚信安全	3.22	新点软件	5.26	剑桥科技	4.08	佰维存储	1.26
正泰电器	11.36	佳都科技	3.09	税友股份	4.63	国博电子	3.45	智明达	1.14
大全能源	11.03	晶丰明源	3.03	信雅达	4.28	瑞斯康达	3.06	恒银科技	0.86
翱捷科技-U	10.06	航天宏图	2.96	ST泛微	3.40	南京熊猫	2.11	三未信安	0.68
生益科技	9.43	创耀科技	2.10	浙大网新	3.40	大唐电信	2.11	统联精密	0.61
中微公司	9.29	华胜天成	2.09	山石网科	3.39	东方通信	1.99	通达电气	0.60
华润微	9.21	希荻微	2.02	中望软件	3.16	威胜信息	1.99	多伦科技	0.51
复旦微电	8.86	芯朋微	1.89	浪潮软件	2.88	国睿科技	1.95	福蓉科技	0.18
厦钨新能	7.57	芯海科技	1.86	虹软科技	2.88	震有科技	1.90	威帝股份	0.14

数据来源：Wind金融终端。

接下来对数字经济核心重点产业近3年平均研发支出占营收的比例整体情况进行分析，其平均研发支出占营业收入的比例变化情况如图4-13所示。

虽然电子元器件及设备制造研发支总额最高，但是其占营业收入的比例并不是最高的，占比最高的为软件开发。整体来看，数字经济核心重点产业研发支出占比都在提升。针对数字经济核心重点产业2022年研发支出占营业收入比例前二十的上市公司进行分析，具体如表4-16所示。

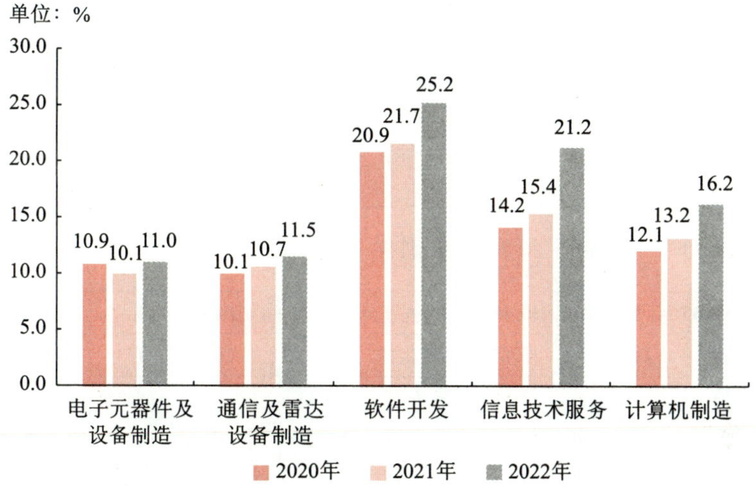

图 4－13　上交所数字经济核心重点产业研发支出占营业收入比例变化情况

数据来源：Wind 金融终端。

表 4－16　上交所数字经济核心重点产业研发支出占营收比例 TOP20　　单位:%

电子元器件及设备制造		信息技术服务		软件开发		通信及雷达设备制造		计算机制造	
证券简称	研发占比	证券简称	研发占比	证券简称	研发占比	证券简称	研发占比	证券简称	研发占比
科思科技	87.20	博睿数据	68.32	云从科技－UW	106.45	震有科技	35.67	国盾量子	100.76
汇顶科技	57.13	龙芯中科	53.83	虹软科技	54.15	兴图新科	34.57	菱电电控	23.77
翱捷科技－U	46.99	概伦电子	50.21	中望软件	52.66	邦彦技术	20.46	智明达	21.10
富吉瑞	43.68	佳华科技	43.60	星环科技－U	52.06	唯捷创芯－U	20.19	三未信安	20.08
博通集成	40.34	晶华微	43.10	ST 信通	48.64	七一二	20.04	威帝股份	19.23
海光信息	40.33	青云科技－U	41.21	山石网科	41.81	大唐电信	19.63	中科曙光	19.01
臻镭科技	32.92	海量数据	37.79	格灵深瞳－U	37.42	信科移动－U	19.24	恒为科技	19.01

续表

电子元器件及设备制造		信息技术服务		软件开发		通信及雷达设备制造		计算机制造	
证券简称	研发占比	证券简称	研发占比	证券简称	研发占比	证券简称	研发占比	证券简称	研发占比
安路科技－U	31.83	思瑞浦	36.76	品茗科技	36.21	三旺通信	17.18	经纬恒润－W	16.99
长光华芯	30.65	希荻微	36.19	恒生电子	36.08	盟升电子	16.75	澜起科技	15.34
天岳先进	30.59	海天瑞声	35.86	当虹科技	35.66	映翰通	14.34	恒银科技	14.65
炬芯科技	30.07	赛微微电	32.95	宝兰德	35.43	烽火通信	14.21	通达电气	12.64
恒玄科技	29.62	卓易信息	32.37	金山办公	34.27	瑞斯康达	14.19	统联精密	11.91
艾为电子	28.54	芯原股份－U	31.24	光云科技	33.84	高凌信息	14.19	大豪科技	10.25
燕麦科技	28.42	芯海科技	30.13	安恒信息	32.62	有方科技	12.64	多伦科技	6.83
瑞芯微	26.36	博汇科技	29.40	福昕软件	32.26	长江通信	12.44	同方股份	6.72
复旦微电	25.04	国芯科技	29.00	用友网络	31.60	理工导航	11.27	北方导航	5.92
新光光电	23.90	晶丰明源	28.09	山大地纬	28.50	剑桥科技	10.78	*ST 方科	5.75
敏芯股份	23.83	乐鑫科技	26.52	信雅达	28.00	国博电子	9.97	春秋电子	4.34
拓荆科技－U	22.21	网达软件	26.48	税友股份	27.29	威胜信息	9.91	佰维存储	4.23
晶晨股份	21.38	芯朋微	26.28	奇安信－U	27.23	移远通信	9.38	福蓉科技	0.80

数据来源：Wind 金融终端。

八、数字经济核心重点产业薪酬指标分析

薪酬情况在一定程度上反映了一家公司的治理水平和社会责任，尤其是上市公司高管年薪更是社会关注的焦点。数字经济核心产业上市公司董事长薪酬披露情况为：有 38 家公司未披露或披露为 0 元，已披露平均值为 177.24 万元。电子元器件及设备制造、信息技术服务、软件开发、通信及雷达设备制造和互联网相关服务这几类中的上市公司中，超过千万的董事长有 5 位。薪酬排名前二十的数字经济核心产业上市公司 2022 年董事长薪酬情况如表 4－17 所示。

表 4－17　上交所数字经济核心产业上市公司 2022 年董事长薪酬 TOP20　单位：万元

证券简称	数字经济及其核心产业统计分类（中类）	董事长	2022 年薪酬
闻泰科技	通信及雷达设备制造	张学政	2581.33
聚和材料	电子元器件及设备制造	刘海东	1669.50
隆基绿能	电子元器件及设备制造	钟宝申	1486.56
生益科技	电子元器件及设备制造	刘述峰	1053.94
恒生电子	软件开发	刘曙峰	1032.03
思特威－W	电子元器件及设备制造	徐辰	988.12
澜起科技	计算机制造	杨崇和	902.78
兆易创新	信息技术服务	朱一明	703.70
工业富联	通信及雷达设备制造	李军旗	655.46
正泰电器	电子元器件及设备制造	南存辉	580.17
芯源微	电子元器件及设备制造	宗润福	554.88
新疆众和	电子元器件及设备制造	孙健	497.33
中微公司	电子元器件及设备制造	尹志尧	489.70
南威软件	信息技术服务	吴志雄	476.78
华海清科	电子元器件及设备制造	路新春	473.15
概伦电子	信息技术服务	刘志宏	463.72
拓荆科技－U	电子元器件及设备制造	吕光泉	463.19
利扬芯片	电子元器件及设备制造	黄江	458.36
芯原股份－U	信息技术服务	戴伟民	437.39
容百科技	电子元器件及设备制造	白厚善	437.32

数据来源：Wind 金融终端。

通信及雷达设备制造、电子元器件及设备制造产业的董事长平均薪酬最高，均超过了 150 万元。针对数字经济核心重点产业 2022 年董事长薪酬前十的上市公司进行分析，具体如表 4－18 所示。

2020～2022 年，数字经济核心重点产业人均薪酬分别约为 19.43 万元、22.33 万元和 25.23 万元，各产业具体人均薪酬变化情况如图 4－14 所示。

表 4－18　上交所数字经济核心重点产业董事长薪酬 TOP10　　单位：万元

电子元器件及设备制造		信息技术服务		软件开发		通信及雷达设备制造		计算机制造	
证券简称	薪酬	证券简称	薪酬	证券简称	薪酬	证券简称	薪酬	证券简称	薪酬
聚和材料	1669.50	兆易创新	703.70	恒生电子	1032.03	闻泰科技	2581.33	澜起科技	902.78
隆基绿能	1486.56	南威软件	476.78	中国软件	305.40	工业富联	655.46	福蓉科技	349.32
生益科技	1053.94	概伦电子	463.72	虹软科技	259.09	剑桥科技	260.98	春秋电子	241.10
思特威－W	988.12	芯原股份－U	437.39	东软集团	257.55	易德龙	245.17	大豪科技	198.29
正泰电器	580.17	华胜天成	389.37	中科软	247.91	盟升电子	217.72	智明达	163.89
芯源微	554.88	天德钰	366.20	用友网络	246.05	邦彦技术	172.08	经纬恒润－W	160.67
新疆众和	497.33	鼎信通信	359.11	浪潮软件	241.08	映翰通	169.47	北方导航	128.08
中微公司	489.70	中微半导	271.89	山石网科	230.54	信科移动－U	147.66	统联精密	117.44
华海清科	473.15	峰岹科技	239.38	宝信软件	228.24	七一二	142.30	佰维存储	116.60
拓荆科技－U	463.19	希荻微	212.23	金证股份	195.22	烽火通信	140.00	三未信安	109.69

数据来源：Wind 金融终端。

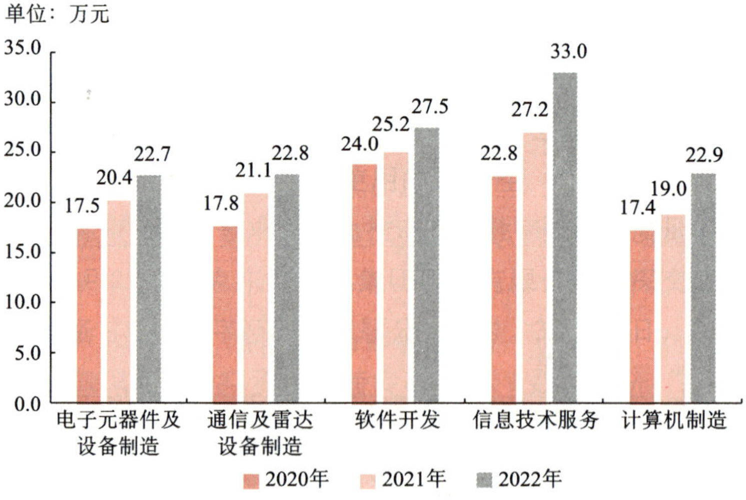

图 4－14　上交所数字经济核心重点产业人均薪酬变化情况

数据来源：Wind 金融终端。

与其他指标不同，电子元器件及设备制造人均薪酬最低，信息技术服务人均薪酬升为最高，其次分别为软件开发、通信及雷达设备制造、计算机制造。针对数字经济核心重点产业2022年人均薪酬前二十的上市公司进行分析，具体如表4－19所示。

表4－19 上交所数字经济核心重点产业人均薪酬TOP20 单位：万元

电子元器件及设备制造		信息技术服务		软件开发		通信及雷达设备制造		计算机制造	
证券简称	人均薪酬	证券简称	人均薪酬	证券简称	人均薪酬	证券简称	人均薪酬	证券简称	人均薪酬
海光信息	87.99	希荻微	85.69	云从科技－UW	51.69	长飞光纤	52.62	澜起科技	78.36
汇顶科技	78.44	芯原股份－U	72.86	星环科技－U	48.41	唯捷创芯－U	40.44	同方股份	42.96
翱捷科技－U	75.35	钜泉科技	62.20	虹软科技	46.16	ST实达	34.56	中科曙光	38.08
中微公司	65.02	兆易创新	61.32	福昕软件	44.63	大唐电信	32.57	恒为科技	31.03
安路科技－U	57.33	概伦电子	58.77	金山办公	43.68	剑桥科技	31.75	三未信安	28.91
东芯股份	55.90	乐鑫科技	57.18	宝信软件	40.12	邦彦技术	31.38	经纬恒润－W	28.30
晶晨股份	54.63	思瑞浦	56.98	新智认知	39.88	七一二	29.71	国盾量子	26.43
博通集成	52.11	赛微微电	55.98	ST信通	39.46	信科移动－U	29.26	*ST方科	24.82
复旦微电	50.68	天德钰	55.91	奇安信－U	36.17	瑞斯康达	28.59	智明达	22.13
聚辰股份	49.61	纳芯微	52.43	格灵深瞳－U	35.14	移远通信	27.07	佰维存储	19.36
恒玄科技	48.57	晶丰明源	47.92	安恒信息	34.56	国睿科技	26.89	北方导航	19.20
韦尔股份	43.91	青云科技－U	44.26	柏楚电子	32.82	威胜信息	24.63	大豪科技	18.01
上海贝岭	43.75	国芯科技	44.11	恒生电子	32.27	有方科技	24.51	菱电电控	15.76
瑞芯微	43.17	龙芯中科	41.78	中望软件	31.59	理工导航	24.38	通达电气	15.70
杰华特	43.16	海天瑞声	41.68	当虹科技	30.18	映翰通	23.92	春秋电子	14.90
艾为电子	41.82	国网信通	39.89	宝兰德	30.09	烽火通信	22.88	福蓉科技	13.77
普冉股份	41.75	芯朋微	39.53	山石网科	29.69	震有科技	22.87	统联精密	12.52
思特威－W	41.65	芯海科技	38.22	浪潮软件	29.13	盟升电子	22.62	多伦科技	10.89
聚和材料	40.61	亚信安全	37.27	用友网络	28.95	传音控股	22.30	恒银科技	10.20
昱能科技	39.17	博睿数据	37.14	ST泛微	28.85	长江通信	21.87	威帝股份	9.78

数据来源：Wind金融终端。

九、数字经济核心重点产业人均指标分析

上市公司规模差别较大，人均指标更能判断出市场上最能创造价值、最具“性价比”的公司，我们尝试从人均创收、人均创利两个指标，判断公司价值。

首先对数字经济核心重点产业人均创收的近 3 年变化情况进行分析，具体如图 4－15 所示。

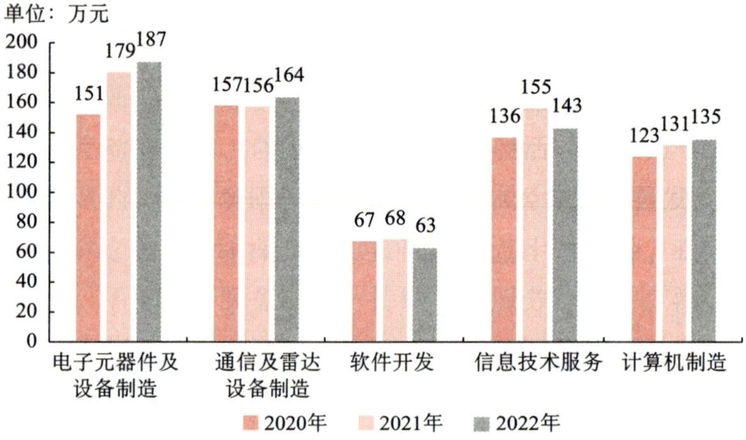

图 4－15　上交所数字经济核心重点产业人均创收变化情况

数据来源：Wind 金融终端。

在人均创收方面，软件开发类明显低于其他类，其 3 年的人均创收均低于 70 万元并且近 3 年呈下降态势，其余四类整体呈现上升趋势。针对数字经济核心重点产业 2022 年人均创收前二十的上市公司进行分析，具体如表 4－20 所示。

表 4-20　　上交所数字经济核心重点产业人均创收 TOP20　　单位：万元

电子元器件及设备制造		信息技术服务		软件开发		通信及雷达设备制造		计算机制造	
证券简称	人均创收	证券简称	人均创收	证券简称	人均创收	证券简称	人均创收	证券简称	人均创收
聚和材料	1918.65	国网信通	639.39	宝信软件	230.26	长飞光纤	439.90	澜起科技	572.90
厦钨新能	1138.22	兆易创新	519.82	新智认知	207.98	唯捷创芯-U	369.01	福蓉科技	332.92
东微半导	1014.88	天德钰	438.94	柏楚电子	140.83	剑桥科技	299.26	佰维存储	267.30
长远锂科	875.57	钜泉科技	315.51	浪潮软件	135.13	环旭电子	288.20	中科曙光	263.80
大全能源	756.30	思瑞浦	273.10	ST 泛微	120.12	传音控股	287.06	同方股份	213.62
容百科技	648.64	纳芯微	258.98	金山办公	90.81	威胜信息	266.79	北方导航	178.50
昱能科技	574.42	城地香江	254.61	*ST 运盛	87.26	工业富联	257.12	恒为科技	138.58
宏昌电子	539.72	希荻微	249.77	安博通	86.78	理工导航	246.64	大豪科技	124.62
新洁能	532.63	电科数字	248.59	中国软件	85.38	移远通信	239.85	*ST 方科	106.25
亿晶光电	508.79	乐鑫科技	219.92	当虹科技	84.34	国睿科技	218.34	三未信安	92.83
中科蓝讯	499.95	创耀科技	217.69	龙软科技	83.31	国博电子	196.84	智明达	88.81
东芯股份	489.74	霍莱沃	214.14	格灵深瞳-U	81.49	烽火通信	186.04	菱电电控	83.57
聚辰股份	428.14	芯朋微	212.90	浙大网新	80.25	ST 实达	183.44	经纬恒润-W	81.43
格科微	411.91	晶丰明源	207.58	金证股份	75.13	七一二	177.57	春秋电子	76.31
帕瓦股份	405.94	佳都科技	198.75	永信至诚	72.99	闻泰科技	170.58	通达电气	56.13
韦尔股份	403.18	芯原股份-U	196.70	格尔软件	71.45	有方科技	154.05	统联精密	48.26
爱旭股份	383.88	云赛智联	182.61	福昕软件	70.89	共进股份	149.28	多伦科技	35.93
天合光能	368.56	超讯通信	176.16	麒麟信安	69.15	东方通信	139.15	国盾量子	32.23
海光信息	361.19	必易微	165.35	财富趋势	68.98	信科移动-U	135.01	威帝股份	27.17
航天机电	352.88	峰岹科技	159.10	虹软科技	66.21	南京熊猫	132.18	恒银科技	23.55

数据来源：Wind 金融终端。

接下来对数字经济核心重点产业人均创利情况进行分析，因该指标数值较小且平均值对异常数据较为敏感，故剔除ST实达、*ST运盛等被实施退市风险警示或其他风险警示的公司，各产业人均创利情况如图4-16所示。

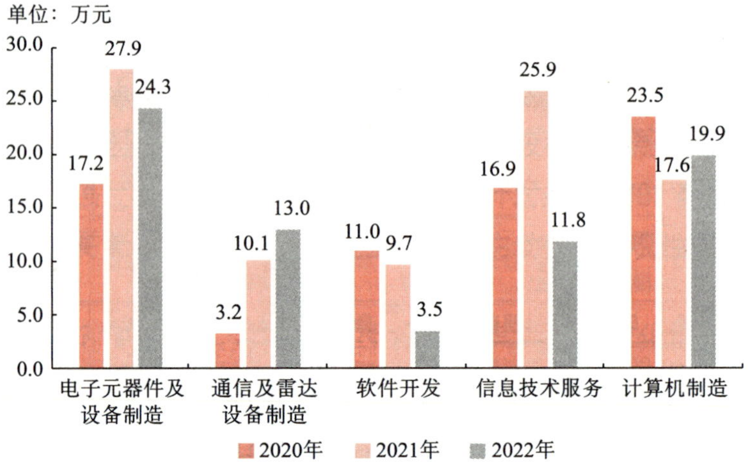

图4-16　上交所数字经济核心重点产业人均创利变化情况

数据来源：Wind金融终端。

针对数字经济核心重点产业2022年人均创利前二十的上市公司进行分析，具体如表4-21所示。

表4-21　上交所数字经济核心重点产业人均创利TOP20　单位：万元

电子元器件及设备制造		信息技术服务		软件开发		通信及雷达设备制造		计算机制造	
证券简称	人均创利	证券简称	人均创利	证券简称	人均创利	证券简称	人均创利	证券简称	人均创利
大全能源	467.39	兆易创新	131.24	柏楚电子	75.16	长江通信	104.28	澜起科技	202.71
东微半导	258.51	钜泉科技	88.91	宝信软件	38.28	理工导航	67.23	福蓉科技	57.79
昱能科技	154.74	峰岹科技	69.95	财富趋势	32.96	威胜信息	53.28	大豪科技	33.95
聚辰股份	154.49	国网信通	67.30	金山办公	26.12	国睿科技	37.19	中科曙光	31.32
新洁能	127.99	天德钰	47.54	麒麟信安	22.22	长飞光纤	37.12	三未信安	29.29
聚和材料	115.40	思瑞浦	40.86	龙软科技	18.28	七一二	34.06	恒为科技	13.71

续表

电子元器件及设备制造		信息技术服务		软件开发		通信及雷达设备制造		计算机制造	
证券简称	人均创利	证券简称	人均创利	证券简称	人均创利	证券简称	人均创利	证券简称	人均创利
华峰测控	104.22	赛微微电	40.57	ST 泛微	11.50	国博电子	29.61	智明达	12.38
宏昌电子	99.43	纳芯微	38.85	永信至诚	11.21	三旺通信	21.12	统联精密	8.95
芯导科技	97.91	思维列控	34.81	开普云	10.25	映翰通	17.28	北方导航	8.60
中微公司	84.83	霍莱沃	32.11	顶点软件	8.50	国光电气	16.52	菱电电控	7.87
帝奥微	84.30	芯朋微	26.58	恒生电子	8.17	传音控股	15.30	佰维存储	6.38
东芯股份	79.24	创耀科技	21.27	新点软件	7.54	剑桥科技	13.55	经纬恒润-W	4.75
安集科技	76.51	国新文化	21.22	格灵深瞳-U	7.51	高凌信息	13.46	春秋电子	3.12
长远锂科	72.55	国芯科技	21.07	凌志软件	7.27	环旭电子	12.87	多伦科技	2.48
上海贝岭	66.95	信安世纪	18.07	虹软科技	7.20	邦彦技术	10.96	威帝股份	1.61
中科蓝讯	65.23	乐鑫科技	16.84	和达科技	5.89	移远通信	10.50	恒银科技	-6.12
芯能科技	64.71	晶华微	16.51	品高股份	4.88	工业富联	10.08	同方股份	-6.94
复旦微电	63.68	中科星图	14.59	麦迪科技	4.64	易德龙	9.63	通达电气	-12.29
新疆众和	58.04	电科数字	13.09	浪潮软件	4.16	唯捷创芯-U	8.61	国盾量子	-20.62
斯达半导	57.87	概伦电子	12.97	新智认知	3.86	东方通信	5.81		

数据来源：Wind 金融终端。

第二节　深交所上市公司数字经济分析

一、数字经济核心产业上市公司基本情况

根据国家统计局《数字经济及其核心产业统计分类（2021）》对数字

经济核心产业的定义以及二级分类划分，截至2022年年末，深交所共有741家数字经济核心产业上市公司，分布在18个二级分类中，结合分类情况，我们选择市值、融资和股权质押三个维度，分析了上市公司近3年的基本情况。首先是数字经济核心产业上市公司中，电子元器件及设备制造类市值占比最高，达40286.37亿元。数字经济核心产业上市公司近3年总市值及其变化具体如表4-22所示。

表4-22 深交所数字经济核心产业上市公司近3年总市值及其变化 单位：亿元

数字经济二级分类（数字产业化）	2022年年末总市值	2021年年末总市值	2020年年末总市值
电子元器件及设备制造	40286.37	55248.22	43105.12
软件开发	8057.66	10563.00	9887.36
信息技术服务	6812.87	7187.51	5825.85
通信及雷达设备制造	5895.06	7522.89	7167.23
互联网相关服务	3416.88	4584.10	4567.99
计算机制造	3198.19	3469.20	2990.50
数字内容与媒体	2575.62	3312.97	3517.55
智能设备制造	2356.36	3004.64	3037.42
其他数字产品制造业	2103.90	2604.30	2057.81
数字媒体设备制造	718.82	935.75	805.16
互联网金融	716.19	937.52	798.55
电信、广播电视和卫星传输服务	463.26	571.88	531.43
其他数字要素驱动业	430.23	408.67	271.33
互联网平台	378.92	629.49	603.67
数字产品零售	266.43	451.75	785.33
互联网批发零售	249.69	341.44	348.25
数字产品批发	122.13	215.70	67.66
数字产品维修	20.56	15.15	12.05
总计	78069.16	102004.18	86380.26

数据来源：Wind金融终端。

从首发募集资金上来看，电子元器件及设备制造首发实际募集资金远超过其他类别，约为排名第二的信息技术服务的2.5倍。数字经济核心产业上市公司首发募资情况具体如表4-23所示。

表 4-23　深交所数字经济核心产业上市公司首发募资情况　单位：亿元

数字经济二级分类（数字产业化）	首发募集资金净额
电子元器件及设备制造	1544.83
信息技术服务	614.11
软件开发	383.34
通信及雷达设备制造	346.70
智能设备制造	262.04
互联网相关服务	200.80
计算机制造	179.02
数字内容与媒体	168.55
其他数字产品制造业	162.23
数字媒体设备制造	91.20
电信、广播电视和卫星传输服务	43.51
其他数字要素驱动业	31.25
互联网批发零售	30.38
互联网平台	23.78
互联网金融	11.42
数字产品零售	5.51
数字产品批发	4.89
数字产品维修	2.10
总计	4105.67

数据来源：Wind 金融终端。

数字经济核心产业上市公司近 3 年增发融资数据可以看出，电子元器件及设备制造不仅在 2022 年增发融资最高，在 2020 年和 2021 年依然远远领先于其他行业。排名第二的软件开发行业的增发融资规模较 2021 年也有一定提升。数字经济核心产业上市公司增发募资情况具体如表 4-24 所示。

表 4-24　深交所数字经济核心产业上市公司近 3 年增发募资情况及其变化　单位：亿元

数字经济二级分类（数字产业化）	增发募集资金		
	2020 年	2021 年	2022 年
电子元器件及设备制造	426.41	1097.44	555.12
软件开发	101.36	57.38	67.66
计算机制造	10.22	74.88	51.17
其他数字产品制造业	14.17	42.03	31.20

续表

数字经济二级分类（数字产业化）	增发募集资金		
	2020 年	2021 年	2022 年
信息技术服务	69.93	133.06	17.86
智能设备制造	16.44	70.77	4.50
通信及雷达设备制造	176.51	99.60	3.36
互联网批发零售	—	6.22	—
互联网相关服务	4.80	58.00	—
数字产品批发	—	—	—
数字内容与媒体	67.95	56.95	—
互联网平台	7.28	30.00	—
电信、广播电视和卫星传输服务	—	—	—
互联网金融	—	—	—
数字媒体设备制造	—	—	—
数字产品零售	—	12.50	—
数字产品维修	—	—	—
其他数字要素驱动业	—	23.79	—
总计	895.07	1762.61	730.88

数据来源：Wind 金融终端。

在质押股份的数量上，电子元器件及设备制造的质押股份数量最多，其次分别是信息技术服务、互联网相关服务。针对质押股份数量前五类来看，近 3 年质押股份数量是逐渐减少的。数字经济核心产业上市公司质押股份数量情况具体如表 4－25 所示。

表 4－25 深交所数字经济核心产业上市公司近 3 年质押股份数量及其变化 单位：亿股

数字经济二级分类（数字产业化）	质押股份数量		
	2020 年	2021 年	2022 年
电子元器件及设备制造	150.46	134.63	130.68
信息技术服务	86.91	70.34	56.94
互联网相关服务	74.08	56.25	46.34
数字内容与媒体	33.29	32.12	39.27
通信及雷达设备制造	45.83	39.75	31.06
软件开发	29.22	29.63	26.18
智能设备制造	33.32	29.1	26.13
其他数字产品制造业	25.73	24.89	24.56

续表

数字经济二级分类（数字产业化）	质押股份数量		
	2020 年	2021 年	2022 年
数字产品零售	12.91	16.82	16.81
电信、广播电视和卫星传输服务	15.10	15.04	15.10
数字媒体设备制造	8.82	9.92	11.56
互联网批发零售	6.07	5.63	5.46
计算机制造	7.87	6.27	5.22
互联网平台	0.80	0.55	1.40
数字产品批发	1.40	1.20	1.26
其他数字要素驱动业	13.45	7.14	0.97
数字产品维修	0.22	0.49	0.18
互联网金融	0.05	0.01	0.01
总计	545.53	479.77	439.12

数据来源：Wind 金融终端。

二、数字经济核心重点产业市值分析

根据二级分类后的数量排序，电子元器件及设备制造、信息技术服务、软件开发、通信及雷达设备制造和互联网相关服务中上市公司截至 2022 年 12 月 31 日市值进行分析，其总市值变化如图 4－17 所示。

图 4－17　深交所数字经济核心重点产业市值变化情况

数据来源：Wind 金融终端。

电子元器件及设备制造类总市值最高，互联网相关服务、软件开发、通信及雷达设备制造和信息技术服务类近3年市值先增后降。对比五类数字经济核心重点产业，列出了其市值排名前二十的上市公司，具体如表4－26所示。

表4－26　深交所数字经济核心重点产业市值TOP20　单位：亿元

电子元器件及设备制造		互联网相关服务		软件开发		通信及雷达设备制造		信息技术服务	
证券简称	总市值	证券简称	总市值	证券简称	总市值	证券简称	总市值	证券简称	总市值
海康威视	3270.64	三七互娱	401.43	科大讯飞	762.89	中兴通讯	1145.46	华大九天	489.03
立讯精密	2259.17	完美世界	246.76	广联达	714.18	紫光股份	558.00	世纪华通	283.94
阳光电源	1660.44	巨人网络	159.59	深信服	467.78	亿联网络	546.29	四维图新	262.31
晶澳科技	1415.36	恺英网络	141.21	中科创达	458.81	中际旭创	216.50	电科网安	258.25
京东方A	1288.91	网宿科技	136.00	石基信息	314.70	锐捷网络	193.81	软通动力	223.50
TCL中环	1217.07	利欧股份	119.56	启明星辰	248.44	海格通信	187.12	东华软件	181.43
北方华创	1190.82	二三四五	115.07	朗新科技	233.19	信维通信	159.75	广立微	178.06
紫光国微	1119.95	汤姆猫	110.75	卫宁健康	220.79	航天发展	150.59	铖昌科技	136.41
中航光电	942.07	国新健康	92.09	太极股份	166.44	华测导航	148.76	易华录	135.89
晶盛机电	831.82	梦网科技	90.09	润和软件	147.89	振芯科技	137.22	拉卡拉	135.04
锦浪科技	679.15	掌趣科技	88.52	千方科技	140.95	雷电微力	134.46	左江科技	133.05
鹏鼎控股	636.93	易点天下	88.29	新大陆	134.27	新易盛	120.43	富瀚微	115.07
TCL科技	635.07	游族网络	84.81	创业慧康	122.55	广和通	113.08	普天科技	114.62
圣邦股份	616.47	上海钢联	74.07	博思软件	121.17	星网锐捷	111.76	神州信息	105.94
卓胜微	610.09	顺网科技	72.28	远光软件	120.50	光迅科技	109.75	华软科技	92.74
振华科技	594.47	生意宝	69.50	赛意信息	119.11	海能达	92.80	润建股份	90.88
三环集团	588.56	智度股份	67.53	天融信	118.39	胜利精密	90.51	常山北明	89.84
歌尔股份	575.65	壹网壹创	66.59	中科江南	114.96	盛路通信	87.31	富满微	88.98
蓝思科技	523.71	天娱数科	64.69	美亚柏科	110.53	上海瀚讯	82.77	神州泰岳	85.11
中伟股份	440.00	奥飞数据	60.87	万达信息	100.11	天奥电子	71.46	拓维信息	83.26

数据来源：Wind金融终端。

三、数字经济核心重点产业融资情况分析

电子元器件及设备制造、信息技术服务、软件开发、通信及雷达设备

制造和互联网相关服务领域是数字经济核心重点产业，对其融资情况进行分析。

首先是上市公司首发募集资金方面，五类数字经济核心重点产业整体首发募资情况如图 4－18 所示。

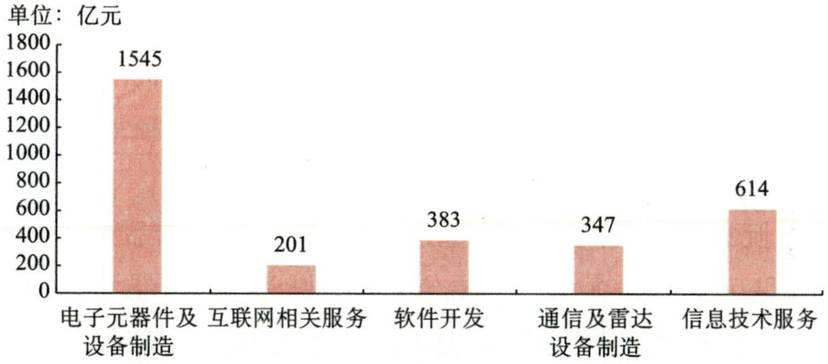

图 4－18 深交所数字经济核心重点产业首发实际募集资金情况

数据来源：Wind 金融终端。

电子元器件及设备制造的首发募集资金仍遥遥领先，首发募集资金最少的为互联网相关服务，排名第二、第三和第四分别为信息技术服务、软件开发和通信及雷达设备制造。对此五类数字经济核心重点产业，列出了其首发募集资金排名前二十的上市公司，具体如表 4－27 所示。

表 4－27 深交所数字经济核心重点产业首发募集资金 TOP20 单位：亿元

电子元器件及设备制造		互联网相关服务		软件开发		通信及雷达设备制造		信息技术服务	
证券简称	首发募集资金净额	证券简称	首发募集资金净额	证券简称	首发募集资金净额	证券简称	首发募集资金净额	证券简称	首发募集资金净额
鹏鼎控股	36.01	易点天下	11.98	光庭信息	14.79	海格通信	31.43	软通动力	43.42
铜冠铜箔	34.30	焦点科技	11.85	广联达	13.68	锐捷网络	21.02	华大九天	34.66
海康威视	33.38	青木股份	9.51	深信服	11.55	大富科技	18.70	广立微	26.84
中一科技	26.03	中科云网	8.86	天阳科技	11.29	亿联网络	15.90	神州泰岳	17.03
TCL 科技	24.20	冰川网络	8.61	世纪瑞尔	11.02	雷电微力	13.58	北路智控	14.31

续表

电子元器件及设备制造		互联网相关服务		软件开发		通信及雷达设备制造		信息技术服务	
证券简称	首发募集资金净额	证券简称	首发募集资金净额	证券简称	首发募集资金净额	证券简称	首发募集资金净额	证券简称	首发募集资金净额
国民技术	23.00	中青宝	7.04	杰创智能	9.12	海能达	13.07	四维图新	13.68
达瑞电子	20.38	壹网壹创	6.89	京北方	8.66	武汉凡谷	10.87	泽宇智能	13.32
康冠科技	20.00	掌趣科技	6.00	中科江南	8.40	合众思壮	10.49	华如科技	12.75
奕东电子	19.71	顺网科技	5.95	万达信息	7.76	星网锐捷	9.85	润建股份	12.56
信濠光电	18.95	三七互娱	5.56	天源迪科	7.54	菲菱科思	8.81	拉卡拉	12.32
电连技术	18.60	凯撒文化	5.52	盈建科	7.37	恒宇信通	8.58	世纪鼎利	11.70
英飞拓	18.54	星辉娱乐	5.49	汉得信息	7.14	光弘科技	8.26	元道通信	10.65
东方日升	18.38	南凌科技	5.28	数字政通	7.03	天邑股份	7.96	盛视科技	10.37
盈趣科技	15.98	网宿科技	5.13	太极股份	6.71	雷科防务	6.45	通行宝	10.30
天力锂能	15.50	天地在线	4.81	创识科技	6.67	天和防务	6.43	佳缘科技	9.95
蓝思科技	15.06	盛天网络	4.76	理工能科	6.27	光迅科技	6.12	世纪华通	9.92
国星光电	14.83	每日互动	4.50	启明星辰	5.89	通宇通信	6.11	东软载波	9.72
ST 中利	14.83	凯淳股份	4.46	兆日科技	5.87	亚光科技	5.87	榕基软件	9.06
隆扬电子	14.72	豆神教育	4.46	法本信息	5.85	* ST 日海	5.69	宏景科技	8.17
卡莱特	14.55	姚记科技	4.40	观想科技	5.69	中海达	5.38	竞业达	7.68

数据来源：Wind 金融终端。

在上市公司增发募集资金方面，五类数字经济核心重点产业整体首发募资情况如图 4－19 所示。

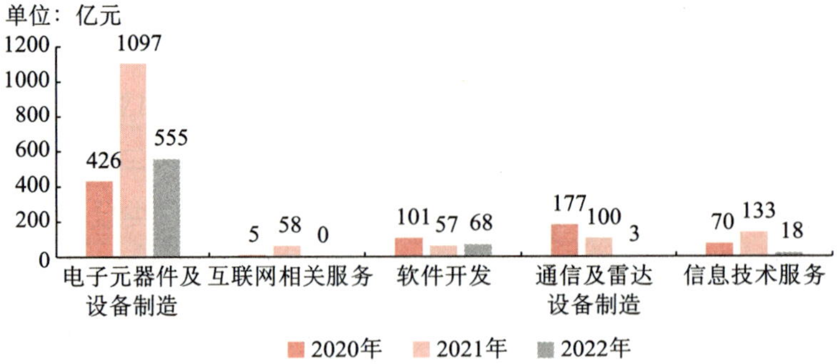

图 4－19　深交所数字经济核心重点产业增发募集资金变化情况

数据来源：Wind 金融终端。

电子元器件及设备制造增发募集资金额最高，并不是每家公司都在2022年度有过增发募资的行为，其中互联网相关服务类别在2022年无增发募资行为，通信及雷达设备制造类别在2022年仅有2家公司有增发募资行为，因此仅针对数字经济核心重点产业增发募集资金前十的上市公司进行分析，具体如表4－28所示。

表4－28　深交所数字经济核心重点产业增发募集资金TOP10　单位：亿元

电子元器件及设备制造		软件开发		通信及雷达设备制造		信息技术服务	
证券简称	增发募集资金	证券简称	增发募集资金	证券简称	增发募集资金	证券简称	增发募集资金
TCL科技	95.97	中科创达	31.00	广和通	1.76	首都在线	7.15
晶澳科技	50.00	宇信科技	11.15	东土科技	1.60	华星创业	3.45
风华高科	50.00	云鼎科技	8.68	—	—	吉大通信	2.13
中伟股份	43.07	美亚柏科	6.78	—	—	德生科技	2.02
中航光电	34.00	思特奇	6.06	—	—	中科信息	1.71
天华超净	27.66	四方精创	4.00	—	—	润欣科技	1.40
通富微电	26.93	—	—	—	—	—	—
深南电路	25.50	—	—	—	—	—	—
国科微	22.95	—	—	—	—	—	—
兴森科技	20.00	—	—	—	—	—	—

数据来源：Wind金融终端。

四、数字经济核心重点产业股权质押情况分析

根据二级分类后的数量排序，对电子元器件及设备制造、信息技术服务、软件开发、通信及雷达设备制造和互联网相关服务数字经济核心重点产业融资情况进行分析。表4－29是此几类核心重点产业截至2022年12月31日股权质押数量排名前二十的上市公司，同时标注出了其质押股权占总股权的比例。

表 4－29　　深交所数字经济核心重点产业股权质押数量 TOP20

单位：万股/%

电子元器件及设备制造		互联网相关服务		软件开发		通信及雷达设备制造		信息技术服务	
证券简称	数量及占比	证券简称	数量及占比	证券简称	数量及占比	证券简称	数量及占比	证券简称	数量及占比
东旭光电	110571/20.54	汤姆猫	118209/33.62	千方科技	23769/15.04	海能达	51671/28.45	世纪华通	150121/20.14
立讯精密	107661/15.13	利欧股份	58028/8.59	北信源	20649/14.24	大富科技	42255/55.06	*ST 蓝盾	33320/26.66
领益智造	64582/9.18	巨人网络	50388/25.13	恒华科技	13928/23.22	胜利精密	40201/11.68	联络互动	29331/13.47
冠捷科技	55517/12.26	ST 天润	37789/25.02	创业慧康	13431/8.67	合众思壮	23976/32.38	国脉科技	22100/21.94
奋达科技	54524/29.88	天娱数科	15910/9.62	运达科技	12922/29.06	*ST 新海	20640/15.01	旋极信息	21518/12.46
TCL 科技	52516/3.08	梦网科技	15833/19.74	新大陆	12630/12.24	远望谷	14758/19.95	神州信息	20972/21.32
勤上股份	51219/34.01	豆神教育	14845/17.10	易联众	11429/26.58	奥维通信	13270/38.26	达实智能	17741/9.29
欧菲光	44483/13.65	*ST 顺利	14460/18.88	东方国信	8973/7.79	天和防务	10942/21.14	立方数科	16982/26.46
海康威视	28220/2.99	奥飞数据	14176/20.52	宇信科技	8441/11.87	*ST 日海	10387/27.74	ST 高升	14922/14.23
大华股份	25998/8.57	中科云网	13136/15.64	佳发教育	8396/21.02	卓翼科技	9575/16.89	浩云科技	13668/20.20
维信诺	24000/17.35	游族网络	12489/13.64	科蓝软件	8193/17.73	亚光科技	9533/9.46	万方发展	11825/38.16
深天马 A	23968/9.75	*ST 腾信	11432/29.77	银江技术	8150/12.43	中际旭创	9081/11.34	ST 中嘉	9934/10.61
横店东磁	21000/12.91	顺网科技	11384/16.40	赛为智能	8130/10.56	金信诺	8470/14.68	软通动力	8556/13.47
特锐德	20796/19.98	广博股份	10799/20.21	天融信	7400/6.24	广和通	7374/11.67	南天信息	8000/20.29
盈趣科技	18952/24.21	佳云科技	10639/16.77	立昂技术	7202/20.12	东土科技	7087/13.29	吴通控股	8000/5.96
合力泰	18715/6.01	恺英网络	10214/4.75	富春股份	7017/10.15	烽火电子	5562/9.20	荣联科技	7683/11.56
超华科技	18402/19.75	上海钢联	6738/25.21	润和软件	6930/8.70	硕贝德	5435/11.67	拉卡拉	7464/9.33
ST 中利	17092/19.61	吉宏股份	5005/13.23	法本信息	6650/17.75	上海瀚讯	4702/7.49	常山北明	6650/4.16
金龙机电	15699/19.55	迅游科技	4720/23.23	科大讯飞	6550/2.82	佳讯飞鸿	3193/5.38	和仁科技	6538/24.88
利亚德	15443/6.11	聚力文化	4219/4.96	朗新科技	6249/5.89	欣天科技	2700/14.21	同有科技	6276/12.95

数据来源：Wind 金融终端。

在包含未质押股份公司的情况下，互联网相关服务类股权质押平均占比为 8.94%。信息技术服务类股权质押平均占比为 8.48%，通信及雷达设备制造股权质押平均占比为 7.28%，电子元器件及设备制造类股权质押平均占比为 5.34%，软件开发类股权质押平均占比为 5.30%。

五、数字经济核心重点产业经营情况分析

营业收入、经营活动产生的现金流量净额是考察一个上市公司经营情况的重要财务数据。2022 年电子元器件及设备制造、信息技术服务、软件开发、通信及雷达设备制造和互联网相关服务五个数字经济核心重点产业营业收入情况如图 4-20 所示，整体来看电子元器件及设备制造类营业收入最高，并且其近 3 年增长迅速。其余四类重点产业公司的营业收入保持稳定。

图 4-20 深交所数字经济核心重点产业营业收入变化情况

数据来源：Wind 金融终端。

数字经济核心重点产业 2022 年营业收入前二十的上市公司如表 4-30 所示。在营业收入整体方面，依然是电子元器件及设备制造领先。立讯精密、京东方 A、TCL 科技、中兴通讯、歌尔股份等公司的营业收入超 1000 亿元。

表 4－30　深交所数字经济核心重点产业 2022 年营业收入 TOP20　单位：亿元

电子元器件及设备制造		互联网相关服务		软件开发		通信及雷达设备制造		信息技术服务	
证券简称	营业收入	证券简称	营业收入	证券简称	营业收入	证券简称	营业收入	证券简称	营业收入
立讯精密	2140.28	上海钢联	765.67	科大讯飞	188.20	中兴通讯	1229.54	软通动力	191.04
京东方 A	1784.14	利欧股份	202.68	太极股份	106.01	紫光股份	740.58	联络互动	125.69
TCL 科技	1666.32	三七互娱	164.06	深信服	74.13	星网锐捷	157.41	神州信息	119.99
歌尔股份	1048.94	完美世界	76.70	新大陆	73.70	锐捷网络	113.26	东华软件	118.33
海康威视	831.66	吉宏股份	53.76	千方科技	70.03	中际旭创	96.42	世纪华通	114.75
晶澳科技	729.89	网宿科技	50.84	广联达	65.91	信维通信	85.90	常山北明	96.63
TCL 中环	670.10	梦网科技	41.57	博彦科技	64.79	光迅科技	69.12	南天信息	85.67
冠捷科技	618.83	姚记科技	39.15	天源迪科	56.92	海能达	56.53	润建股份	81.59
蓝思科技	466.99	恺英网络	37.26	中科创达	54.45	广和通	56.46	普天科技	70.76
阳光电源	402.57	平治信息	35.56	朗新科技	45.52	海格通信	56.16	拉卡拉	53.94
鹏鼎控股	362.11	宝通科技	32.59	启明星辰	44.37	亿联网络	48.11	神州泰岳	48.06
领益智造	344.85	天地在线	30.45	宇信科技	42.85	特发信息	41.92	荣联科技	37.39
深天马 A	314.47	智度股份	27.29	京北方	36.73	光弘科技	41.80	吴通控股	36.07
大华股份	305.65	广博股份	24.86	法本信息	35.86	胜利精密	41.23	达实智能	35.94
中伟股份	303.44	易点天下	23.06	天融信	35.43	航天发展	34.56	电科网安	34.38
东方日升	293.85	佳云科技	22.74	万达信息	32.24	*ST 日海	33.61	四维图新	33.47
通富微电	214.29	冰川网络	20.46	卫宁健康	30.93	新易盛	33.11	先进数通	28.05
视源股份	209.90	巨人网络	20.38	汉得信息	30.07	天邑股份	29.92	金卡智能	27.39
横店东磁	194.51	游族网络	19.81	润和软件	29.75	大富科技	25.92	华软科技	26.97
天华超净	170.30	天娱数科	17.43	久其软件	28.98	菲菱科思	23.52	旋极信息	24.53

数据来源：Wind 金融终端。

从现金流量净额来看，与营业收入的趋势情况类似，电子元器件及设备制造经营现金流量净额最高，其余四类重点产业公司的现金流量净额保持稳定。

数字经济核心重点产业 2022 年现金流量净额前二十的上市公司如表 4－31 所示。在现金流量净额整体方面，依然是电子元器件及设备制造领先。京东方 A、TCL 科技、立讯精密、鹏鼎控股、海康威视等公司的现金流量净额超 100 亿元。

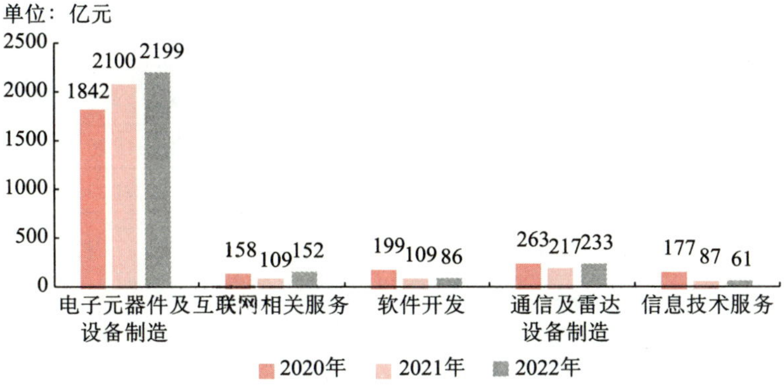

图 4-21 深交所数字经济核心重点产业经营活动产生的现金流量净额

数据来源：Wind 金融终端。

表 4-31 深交所数字经济核心重点产业经营现金流量净额 TOP20 单位：亿元

电子元器件及设备制造		互联网相关服务		软件开发		通信及雷达设备制造		信息技术服务	
证券简称	现金流量	证券简称	现金流量	证券简称	现金流量	证券简称	现金流量	证券简称	现金流量
京东方 A	430.22	三七互娱	35.57	广联达	16.48	中兴通讯	75.78	世纪华通	14.91
TCL 科技	184.26	恺英网络	14.83	新大陆	10.45	紫光股份	40.19	神州泰岳	10.45
立讯精密	127.28	完美世界	11.55	深信服	7.46	中际旭创	24.49	软通动力	10.12
鹏鼎控股	109.57	上海钢联	11.54	辰安科技	7.41	亿联网络	21.23	达实智能	7.82
海康威视	101.64	网宿科技	9.32	科大讯飞	6.31	光弘科技	12.02	富瀚微	6.21
蓝思科技	91.81	智度股份	7.86	千方科技	5.00	信维通信	11.93	易华录	5.98
歌尔股份	83.17	巨人网络	7.37	中科创达	4.97	新易盛	8.31	华大九天	4.46
晶澳科技	81.86	二三四五	7.16	博彦科技	4.06	光迅科技	6.39	润建股份	4.38
天华超净	63.94	汤姆猫	6.48	东方国信	3.28	海能达	6.23	电科网安	3.39
TCL 中环	50.57	姚记科技	5.82	朗新科技	3.16	星网锐捷	5.43	金卡智能	3.32
冠捷科技	45.63	焦点科技	4.85	博思软件	3.09	*ST 日海	4.73	今天国际	2.90
领益智造	41.25	冰川网络	4.50	理工能科	2.39	华测导航	3.54	普天科技	2.28
深天马 A	39.13	佳云科技	3.98	华宇软件	2.37	胜利精密	3.16	首都在线	2.17
通富微电	31.98	吉宏股份	3.73	盛讯达	2.34	广和通	3.00	捷顺科技	2.05
深南电路	31.80	奥飞数据	3.29	中科江南	2.25	武汉凡谷	2.85	神州信息	2.01
东方日升	30.36	盛天网络	2.81	鼎捷软件	1.98	菲菱科思	2.47	广立微	1.99
横店东磁	28.87	广博股份	2.55	拓尔思	1.83	卓翼科技	2.25	常山北明	1.92

续表

电子元器件及设备制造		互联网相关服务		软件开发		通信及雷达设备制造		信息技术服务	
证券简称	现金流量	证券简称	现金流量	证券简称	现金流量	证券简称	现金流量	证券简称	现金流量
华天科技	28.77	若羽臣	2.27	迪普科技	1.81	天奥电子	2.21	* ST 亚联	1.72
维信诺	28.45	星辉娱乐	2.01	宇信科技	1.75	大富科技	1.72	南天信息	1.42
视源股份	23.66	游族网络	1.58	赛意信息	1.68	硕贝德	1.47	国脉科技	1.41

数据来源：Wind 金融终端。

六、数字经济核心重点产业盈利能力分析

盈利能力是指企业获取利润、为企业的资金或资本增值能力，利润率越高，盈利能力就越强。通过分析上市公司年报披露的净利润、净资产以及净资产收益率，可基本了解电子元器件及设备制造、信息技术服务、软件开发、通信及雷达设备制造和互联网相关服务五个数字经济核心重点产业的上市公司获利能力。

首先对数字经济核心重点产业近 3 年净利润整体情况进行分析，其净利润变化情况如图 4－22 所示。

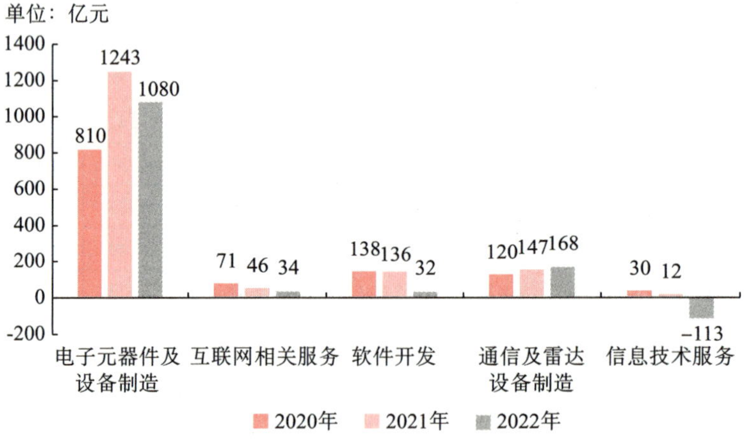

图 4－22　深交所数字经济核心重点产业净利润变化情况

数据来源：Wind 金融终端。

由图 4－22 可以看出，电子元器件及设备制造在净利润总额方面维持第一；信息与技术服务 2022 年净利润降低。数字经济核心重点产业 2022 年净利润前二十的上市公司如表 4－32 所示。

表 4－32　深交所数字经济核心重点产业净利润 TOP20　　单位：亿元

电子元器件及设备制造		互联网相关服务		软件开发		通信及雷达设备制造		信息技术服务	
证券简称	净利润	证券简称	净利润	证券简称	净利润	证券简称	净利润	证券简称	净利润
海康威视	128.37	三七互娱	29.54	广联达	9.67	中兴通讯	80.80	软通动力	9.73
立讯精密	91.63	完美世界	13.77	中科创达	7.69	亿联网络	21.78	神州泰岳	5.42
京东方 A	75.51	恺英网络	10.25	启明星辰	6.26	紫光股份	21.58	润建股份	4.24
TCL 中环	68.19	巨人网络	8.51	科大讯飞	5.61	中际旭创	12.24	东华软件	4.01
天华超净	65.86	汤姆猫	4.40	朗新科技	5.14	新易盛	9.04	富瀚微	3.98
晶澳科技	55.33	姚记科技	3.49	汉得信息	4.38	海格通信	6.68	电科网安	3.07
鹏鼎控股	50.12	焦点科技	3.00	太极股份	3.78	信维通信	6.48	金卡智能	2.70
阳光电源	35.93	易点天下	2.62	远光软件	3.23	光迅科技	6.08	今天国际	2.58
晶盛机电	29.24	盛天网络	2.22	博彦科技	3.09	星网锐捷	5.76	泽宇智能	2.27
中航光电	27.17	二三四五	2.12	京北方	2.77	锐捷网络	5.50	彩讯股份	2.25
紫光国微	26.32	上海钢联	2.03	中科江南	2.59	海能达	4.07	普天科技	2.13
蓝思科技	24.48	网宿科技	1.91	数字政通	2.55	广和通	3.64	达实智能	2.12
振华科技	23.82	吉宏股份	1.84	博思软件	2.54	华测导航	3.61	神州信息	2.07
北方华创	23.53	壹网壹创	1.80	宇信科技	2.53	光弘科技	3.01	北路智控	1.98
大华股份	23.24	奥飞数据	1.66	赛意信息	2.49	振芯科技	3.00	华大九天	1.86
视源股份	20.72	实益达	1.44	理工能科	2.15	雷电微力	2.77	中远海科	1.82
歌尔股份	17.49	冰川网络	1.29	天融信	2.05	武汉凡谷	2.76	银信科技	1.74
横店东磁	16.69	平治信息	1.22	深信服	1.94	盛路通信	2.44	东软载波	1.63
深南电路	16.40	掌趣科技	0.96	久远银海	1.84	菲菱科思	1.95	通行宝	1.51
领益智造	15.96	朗玛信息	0.70	普联软件	1.58	天邑股份	1.93	中亦科技	1.42

数据来源：Wind 金融终端。

七、数字经济核心重点产业创新能力分析

创新能力是指技术和各种实践活动领域中不断提供具有经济价值、社会价值、生态价值的新思想、新理论、新方法和新发明的能力，选择电子元器件及设备制造、信息技术服务、软件开发、通信及雷达设备制造和互

联网相关服务这几类中的上市公司，对年报中研发支出及其占比两方面，可考察出数字经济核心产业上市公司内在的创新活力。

对数字经济核心重点产业研发支出的近3年变化情况进行分析，具体如图4－23所示。

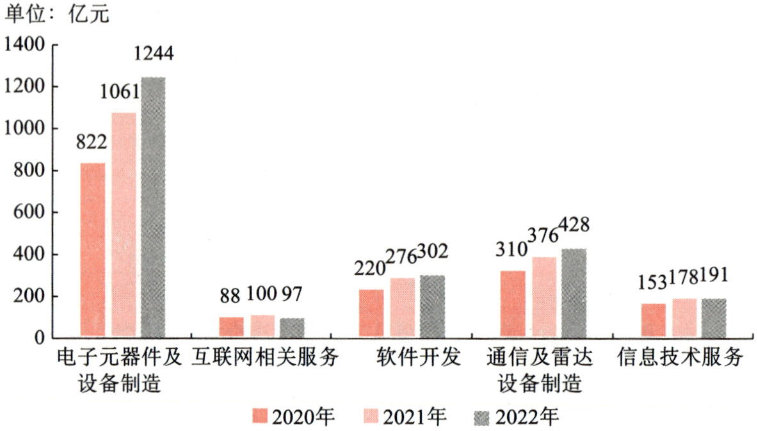

图4－23 深交所数字经济核心重点产业研发支出变化情况

数据来源：Wind金融终端。

在这五类中，研发支出的整体趋势均为上升。电子元器件及设备制造类研发支出总额最高，并且增速也最快；其余产业亦保持一定增速。针对数字经济核心重点产业2022年研发支出前二十的上市公司进行分析，具体如表4－33所示。

表4－33 深交所数字经济核心重点产业研发支出TOP20 单位：亿元

电子元器件及设备制造		互联网相关服务		软件开发		通信及雷达设备制造		信息技术服务	
证券简称	研发支出	证券简称	研发支出	证券简称	研发支出	证券简称	研发支出	证券简称	研发支出
京东方A	126.02	完美世界	24.41	科大讯飞	33.55	中兴通讯	216.02	世纪华通	18.75
TCL科技	107.78	三七互娱	9.05	深信服	22.48	紫光股份	52.99	四维图新	17.88
海康威视	98.14	巨人网络	6.43	广联达	18.58	星网锐捷	24.94	东华软件	11.49
立讯精密	84.47	游族网络	5.55	中科创达	12.18	锐捷网络	20.42	软通动力	10.99
歌尔股份	51.98	恺英网络	5.11	千方科技	11.11	海能达	9.28	神州信息	6.32
晶澳科技	46.08	网宿科技	4.62	天融信	10.72	中际旭创	7.92	南天信息	5.34

续表

电子元器件及设备制造		互联网相关服务		软件开发		通信及雷达设备制造		信息技术服务	
证券简称	研发支出	证券简称	研发支出	证券简称	研发支出	证券简称	研发支出	证券简称	研发支出
大华股份	38.83	掌趣科技	3.93	启明星辰	9.48	海格通信	7.88	华大九天	4.87
TCL 中环	37.71	冰川网络	3.80	太极股份	8.32	光迅科技	7.07	电科网安	3.98
北方华创	35.66	汤姆猫	2.69	石基信息	6.85	信维通信	6.77	常山北明	3.91
深天马 A	29.83	姚记科技	2.65	绿盟科技	6.79	广和通	5.91	创意信息	3.26
领益智造	21.27	凯撒文化	2.13	新大陆	6.57	亿联网络	4.96	普天科技	3.22
蓝思科技	21.05	顺网科技	2.10	卫宁健康	6.26	航天发展	4.69	高新兴	3.08
欧菲光	16.99	利欧股份	1.96	东方国信	5.92	华测导航	4.03	富瀚微	3.01
阳光电源	16.92	宝通科技	1.75	朗新科技	5.67	*ST 日海	3.68	旋极信息	2.97
鹏鼎控股	16.72	每日互动	1.72	远光软件	5.58	特发信息	3.04	润建股份	2.84
中航光电	15.97	焦点科技	1.71	万达信息	5.05	大富科技	2.66	万集科技	2.80
通富微电	13.23	吉宏股份	1.49	宇信科技	5.00	烽火电子	2.62	拓维信息	2.76
视源股份	12.81	梦网科技	1.35	中孚信息	4.65	雷科防务	2.40	神州泰岳	2.75
维信诺	12.71	上海钢联	1.20	美亚柏科	4.58	中海达	2.34	易华录	2.42
紫光国微	12.49	智度股份	1.14	汉得信息	4.38	金信诺	2.26	彩讯股份	2.36

数据来源：Wind 金融终端。

接下来对数字经济核心重点产业近 3 年平均研发支出占营收的比例整体情况进行分析，其平均研发支出占营业收入的比例变化情况如图 4－24 所示。

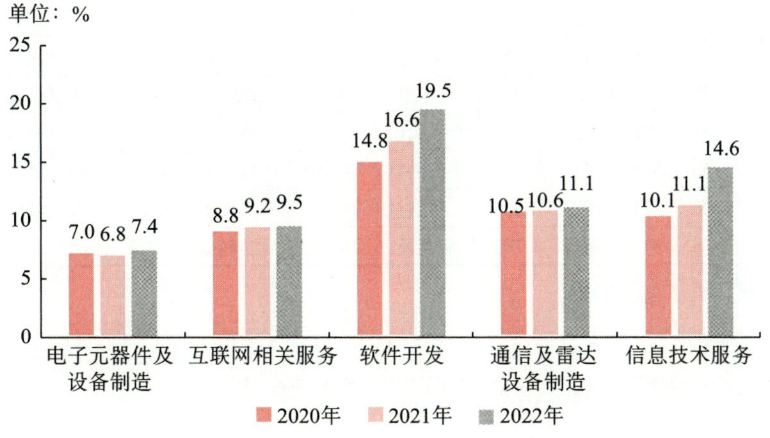

图 4－24 深交所数字经济核心重点产业研发支出占营业收入比例变化情况

数据来源：Wind 金融终端。

虽然电子元器件及设备制造研发支出总额最高，但是其占营业收入的比例并不是最高的，占比最高的为软件开发。整体来看，数字经济核心重点产业研发支出占比都在提升。针对数字经济核心重点产业2022年研发支出占营业收入比例前二十的上市公司进行分析，具体如表4－34所示。

表4－34　深交所数字经济核心重点产业研发支出占营收比例TOP20　单位：%

电子元器件及设备制造		互联网相关服务		软件开发		通信及雷达设备制造		信息技术服务	
证券简称	研发占比	证券简称	研发占比	证券简称	研发占比	证券简称	研发占比	证券简称	研发占比
大立科技	47.29	凯撒文化	34.26	中孚信息	72.15	上海瀚讯	49.83	*ST蓝盾	226.60
赛微电子	44.01	每日互动	32.71	兆日科技	57.91	天和防务	30.93	左江科技	217.46
国民技术	29.40	掌趣科技	32.38	中新赛克	56.69	东土科技	19.96	华大九天	60.98
全志科技	27.64	完美世界	31.83	盈建科	51.07	恒宇信通	19.18	四维图新	53.44
景嘉微	27.33	巨人网络	31.53	三维天地	39.73	锐捷网络	18.03	广立微	34.74
长川科技	25.83	游族网络	28.02	交大思诺	35.64	华测导航	18.02	万集科技	32.05
北方华创	24.28	迅游科技	26.02	易联众	34.92	中海达	17.76	初灵信息	30.06
欧比特	22.15	中青宝	23.26	北信源	34.43	雷科防务	17.62	任子行	27.89
中颖电子	20.18	顺网科技	18.68	直真科技	33.35	中兴通讯	17.57	信息发展	21.54
圣邦股份	19.63	冰川网络	18.59	赢时胜	31.00	天迈科技	17.48	中科海讯	21.30
紫光国微	17.55	汤姆猫	16.49	深信服	30.32	海能达	16.41	汇纳科技	21.27
联动科技	17.47	二三四五	15.20	天融信	30.26	烽火电子	16.38	新开普	21.23
维信诺	16.99	国新健康	13.85	观想科技	29.79	广哈通信	16.16	华如科技	20.74
英诺激光	16.98	恺英网络	13.72	万兴科技	29.47	星网锐捷	15.85	富满微	19.79
新雷能	16.21	ST天润	11.70	广联达	28.20	远望谷	14.43	彩讯股份	19.74
神思电子	15.76	焦点科技	11.61	拓尔思	28.15	佳讯飞鸿	14.30	数字认证	19.47
英可瑞	15.57	南凌科技	9.79	维宏股份	28.15	海格通信	14.03	佳缘科技	19.35
光库科技	15.55	网宿科技	9.09	迪普科技	26.94	辉煌科技	13.83	和仁科技	18.73
国科微	14.06	豆神教育	7.30	石基信息	26.38	航天发展	13.58	东软载波	18.07
中瓷电子	13.78	姚记科技	6.76	东方通	26.31	振芯科技	12.37	国能日新	17.58

数据来源：Wind金融终端。

八、数字经济核心重点产业薪酬指标分析

薪酬情况在一定程度上反映了一家公司的治理水平和社会责任，尤其是上市公司高管年薪更是社会关注的焦点。数字经济核心产业上市公司董

事长薪酬披露情况为：有 68 家公司未披露或披露为 0 元，已披露平均值为 133.14 万元。电子元器件及设备制造、信息技术服务、软件开发、通信及雷达设备制造和互联网相关服务这几类中的上市公司中，薪酬超过千万元的董事长仅有 2 位。薪酬排名前二十的数字经济核心产业上市公司 2022 年董事长薪酬情况如表 4－35 所示。

表 4－35　深交所数字经济核心产业上市公司 2022 年董事长薪酬 TOP20　　单位：万元

证券简称	数字经济及其核心产业统计分类（中类）	董事长	2022 年薪酬
鹏鼎控股	电子元器件及设备制造	沈庆芳	2104.12
TCL 科技	电子元器件及设备制造	李东生	1037.41
中兴通讯	通信及雷达设备制造	李自学	948.10
三七互娱	互联网相关服务	李卫伟	862.54
冠捷科技	电子元器件及设备制造	宣建生	823.17
完美世界	互联网相关服务	池宇峰	715.00
神州信息	信息技术服务	郭为	662.16
神州泰岳	信息技术服务	冒大卫	647.01
二三四五	互联网相关服务	陈于冰	558.89
紫光国微	电子元器件及设备制造	马道杰	545.48
拉卡拉	信息技术服务	孙陶然	526.30
蓝思科技	电子元器件及设备制造	周群飞	500.00
京东方 A	电子元器件及设备制造	陈炎顺	492.28
网宿科技	互联网相关服务	刘成彦	471.26
莱宝高科	电子元器件及设备制造	臧卫东	470.62
光弘科技	通信及雷达设备制造	唐建兴	458.80
北方华创	电子元器件及设备制造	赵晋荣	414.43
中来股份	电子元器件及设备制造	林建伟	395.89
经纬辉开	电子元器件及设备制造	陈建波	395.11
科大讯飞	软件开发	刘庆峰	390.00

数据来源：Wind 金融终端。

互联网相关服务、电子元器件及设备制造产业的董事长平均薪酬最高，均超过了 150 万元。针对数字经济核心重点产业 2022 年董事长薪酬前十的上市公司进行分析，具体如表 4－36 所示。

表 4－36　深交所数字经济核心重点产业董事长薪酬 TOP10　单位：万元

电子元器件及设备制造		互联网相关服务		软件开发		通信及雷达设备制造		信息技术服务	
证券简称	薪酬	证券简称	薪酬	证券简称	薪酬	证券简称	薪酬	证券简称	薪酬
鹏鼎控股	2104.12	三七互娱	862.54	科大讯飞	390.00	中兴通讯	948.10	神州信息	662.16
TCL 科技	1037.41	完美世界	715.00	鼎捷软件	350.70	光弘科技	458.80	神州泰岳	647.01
冠捷科技	823.17	二三四五	558.89	博彦科技	335.67	金信诺	362.78	拉卡拉	526.30
紫光国微	545.48	网宿科技	471.26	吉大正元	316.39	盛路通信	288.86	华大九天	369.10
蓝思科技	500.00	汤姆猫	297.33	广联达	301.47	星网锐捷	277.06	广立微	245.48
京东方 A	492.28	易点天下	263.96	万兴科技	255.40	海格通信	268.00	天玑科技	224.37
莱宝高科	470.62	姚记科技	250.00	法本信息	220.99	信维通信	227.56	汉仪股份	208.19
北方华创	414.43	掌趣科技	221.93	赢时胜	220.00	振芯科技	177.98	首都在线	203.00
中来股份	395.89	恺英网络	186.35	四方精创	188.21	大富科技	162.92	软通动力	202.04
经纬辉开	395.11	吉宏股份	170.77	绿盟科技	180.00	欣天科技	158.23	德生科技	187.40

数据来源：Wind 金融终端。

2020～2022 年，数字经济核心重点产业人均薪酬分别约为 16.25 万元、18.77 万元和 18.49 万元，各产业具体人均薪酬变化情况如图 4－25 所示。

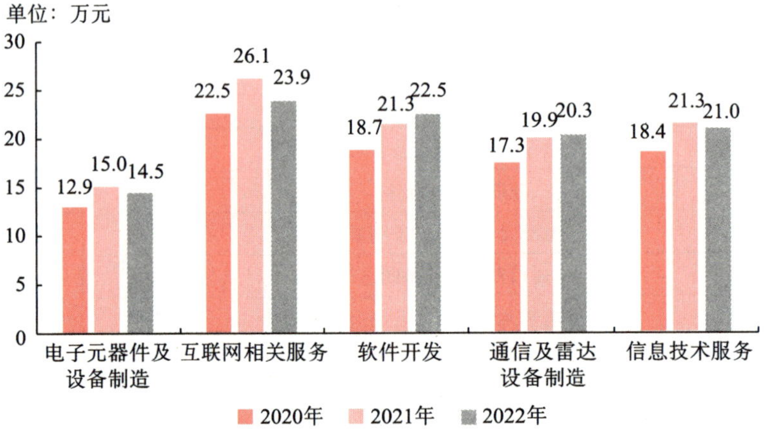

图 4－25　深交所数字经济核心重点产业人均薪酬变化情况

数据来源：Wind 金融终端。

与其他指标不同，电子元器件及设备制造人均薪酬最低，互联网相关服务人均薪酬升为最高，其次分别为软件开发、信息技术服务、通信及雷达设备制造。针对数字经济核心重点产业 2022 年人均薪酬前二十的上市公司进行分析，具体如表 4－37 所示。

表 4－37　　深交所数字经济核心重点产业人均薪酬 TOP20　　单位：万元

电子元器件及设备制造		互联网相关服务		软件开发		通信及雷达设备制造		信息技术服务	
证券简称	人均薪酬	证券简称	人均薪酬	证券简称	人均薪酬	证券简称	人均薪酬	证券简称	人均薪酬
华金资本	59.57	智度股份	65.62	深信服	44.97	紫光股份	45.56	*ST 亚联	77.74
北京君正	58.89	二三四五	59.25	盛讯达	42.17	中兴通讯	39.59	华大九天	60.73
紫光国微	58.09	掌趣科技	56.91	盈建科	36.57	锐捷网络	38.84	富瀚微	56.27
中颖电子	51.43	完美世界	47.91	富春股份	35.98	康拓红外	38.66	联络互动	51.44
晓程科技	49.37	游族网络	46.68	太极股份	35.72	上海瀚讯	37.36	立方数科	44.26
国科微	46.47	网宿科技	44.90	万兴科技	35.53	奥维通信	35.11	中远海科	42.41
圣邦股份	45.54	三七互娱	44.73	广联达	35.14	广和通	33.78	广立微	37.95
莱宝高科	43.14	每日互动	40.89	科大讯飞	33.57	胜利精密	31.85	首都在线	37.36
赛微电子	39.56	果麦文化	36.20	辰安科技	32.36	星网锐捷	31.21	四维图新	36.95
全志科技	38.68	迅游科技	35.75	万达信息	30.80	华测导航	30.19	荣联科技	36.51
视源股份	38.00	星辉娱乐	35.35	兆日科技	30.13	*ST 日海	29.46	神州泰岳	35.91
久之洋	35.03	宝通科技	32.92	交大思诺	30.10	天奥电子	28.76	易华录	34.23
阳光电源	34.33	易点天下	32.39	方直科技	30.09	佳讯飞鸿	28.57	润欣科技	33.97
卓胜微	30.09	恺英网络	32.34	中新赛克	29.37	移为通信	28.54	数字认证	32.58
海康威视	28.55	汤姆猫	31.32	绿盟科技	29.25	海能达	27.71	中亦科技	32.55
威创股份	28.53	顺网科技	31.19	吉大正元	29.02	亿联网络	26.57	飞天诚信	31.44
景嘉微	27.25	南凌科技	30.74	朗新科技	28.74	广哈通信	26.23	*ST 计通	30.41
爱康科技	26.58	盛天网络	29.71	维宏股份	28.65	东土科技	25.22	东软载波	29.68
利亚德	26.19	豆神教育	28.62	迪普科技	27.98	振芯科技	25.03	会畅通信	29.32
华映科技	25.13	姚记科技	28.13	赛为智能	27.52	航天发展	24.83	天玑科技	28.34

数据来源：Wind 金融终端。

九、数字经济核心重点产业人均指标分析

上市公司规模差别较大，人均指标更能判断出市场上最能创造价值、最具“性价比”的公司，我们尝试从人均创收、人均创利两个指标，判断公司价值。

首先对数字经济核心重点产业人均创收的近 3 年变化情况进行分析，

具体如图 4 – 26 所示。

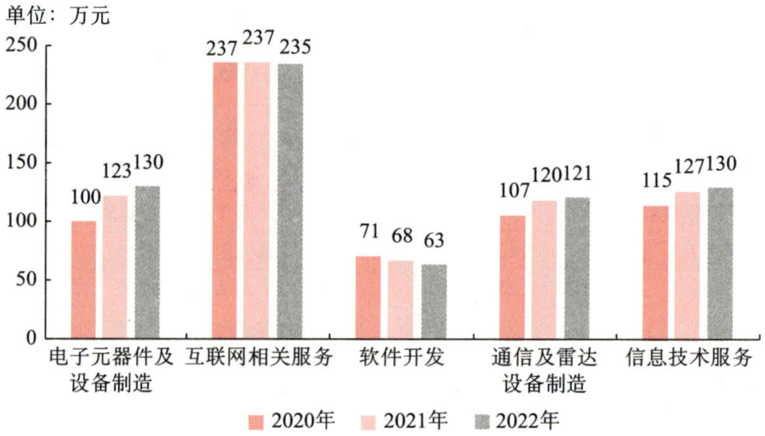

图 4 – 26　深交所数字经济核心重点产业人均创收变化情况

数据来源：Wind 金融终端。

在人均创收方面，互联网相关服务明显高于其他类，其 3 年的人均创收均在 200 万元以上。其他四类中，电子元器件及设备制造以及信息技术服务近 3 年的人均创收一直在增长；软件开发类中 2020 ~ 2022 年人均创收持续降低。针对数字经济核心重点产业 2022 年人均创收前二十的上市公司进行分析，具体如表 4 – 38 所示。

表 4 – 38　深交所数字经济核心重点产业人均创收 TOP20　单位：万元

电子元器件及设备制造		互联网相关服务		软件开发		通信及雷达设备制造		信息技术服务	
证券简称	人均创收	证券简称	人均创收	证券简称	人均创收	证券简称	人均创收	证券简称	人均创收
盈方微	2125. 31	上海钢联	1827. 80	天利科技	316. 98	紫光股份	400. 33	润欣科技	1040. 36
帝科股份	1104. 60	凯瑞德	1158. 48	盛讯达	257. 47	广和通	296. 09	* ST 亚联	1022. 84
天华超净	581. 05	平治信息	1067. 97	银江技术	254. 64	亿联网络	228. 64	联络互动	761. 28
北京君正	522. 38	智度股份	530. 84	太极股份	250. 08	天奥电子	213. 56	荣联科技	481. 80
宇邦新材	511. 66	三七互娱	461. 88	创识科技	133. 50	天箭科技	209. 00	富瀚微	465. 91
国科微	507. 73	天地在线	439. 34	科大讯飞	125. 08	康拓红外	208. 03	挖金客	424. 14
爱康科技	452. 68	佳云科技	376. 48	银之杰	124. 72	友讯达	201. 49	立方数科	363. 57
阳光电源	435. 73	梦网科技	367. 92	辰安科技	123. 78	移为通信	200. 44	昊通控股	326. 41
莱宝高科	435. 49	利欧股份	354. 40	新大陆	111. 33	新易盛	192. 59	浩丰科技	320. 06

续表

电子元器件及设备制造		互联网相关服务		软件开发		通信及雷达设备制造		信息技术服务	
证券简称	人均创收	证券简称	人均创收	证券简称	人均创收	证券简称	人均创收	证券简称	人均创收
天力锂能	431.76	奥飞数据	336.64	久其软件	106.34	奥维通信	192.55	拉卡拉	233.01
新亚制程	426.27	易点天下	281.86	云鼎科技	103.91	菲菱科思	176.60	华软科技	227.43
TCL 中环	385.34	盛天网络	265.74	唐源电气	101.07	中际旭创	171.14	常山北明	211.32
视源股份	338.94	*ST 腾信	258.51	杰创智能	99.68	中兴通讯	164.35	今天国际	211.28
中颖电子	329.61	网宿科技	255.10	千方科技	98.64	光迅科技	161.53	首都在线	202.80
紫光国微	318.42	宝通科技	219.03	方直科技	92.13	*ST 新海	144.07	*ST 计通	194.29
冠捷科技	301.10	恺英网络	218.89	天源迪科	91.64	雷电微力	143.86	世纪华通	194.00
中伟股份	299.25	姚记科技	205.61	富春股份	90.54	锐捷网络	141.93	海联讯	188.08
唯特偶	277.85	二三四五	189.05	赛为智能	90.24	神宇股份	139.70	中远海科	186.74
铜冠铜箔	274.03	天娱数科	188.40	深信服	80.96	特发信息	137.03	有棵树	177.15
卓胜微	272.81	果麦文化	175.00	万兴科技	79.74	*ST 日海	135.13	真视通	175.87

数据来源：Wind 金融终端。

接下来对数字经济核心重点产业人均创利情况进行分析，因该指标数值较小且平均值对异常数据较为敏感，故剔除*ST 顺利、*ST 腾信、*ST 蓝盾、*ST 深南、*ST 计通等退市风险公司以及员工人数较少的凯瑞德，各产业人均创利情况如图 4－27 所示。

图 4－27　深交所数字经济核心重点产业人均创利变化情况

数据来源：Wind 金融终端。

针对数字经济核心重点产业2022年人均创利前二十的上市公司进行分析，具体如表4-39所示。

表4-39　　深交所数字经济核心重点产业人均创利TOP20　　单位：万元

电子元器件及设备制造		互联网相关服务		软件开发		通信及雷达设备制造		信息技术服务	
证券简称	人均创利	证券简称	人均创利	证券简称	人均创利	证券简称	人均创利	证券简称	人均创利
天华超净	224.69	三七互娱	83.18	创识科技	37.34	亿联网络	103.50	富瀚微	87.89
紫光国微	117.71	巨人网络	61.26	盛讯达	28.85	新易盛	52.56	铖昌科技	75.43
卓胜微	79.32	恺英网络	60.23	唐源电气	21.27	雷电微力	46.36	泽宇智能	40.55
北京君正	76.18	二三四五	60.04	方直科技	19.94	天箭科技	44.35	广立微	38.48
圣邦股份	70.29	奥飞数据	50.82	中科江南	18.71	移为通信	33.09	挖金客	30.91
中颖电子	66.46	*ST顺利	41.26	鸥玛软件	14.58	科安达	31.45	北路智控	30.03
隆扬电子	40.40	汤姆猫	41.23	天利科技	11.89	振芯科技	30.53	润欣科技	26.79
TCL中环	39.21	平治信息	36.78	银江技术	10.96	恒宇信通	24.00	佳缘科技	26.47
阳光电源	38.89	盛天网络	35.62	迪普科技	10.04	中际旭创	21.73	华大九天	25.48
华金资本	38.10	易点天下	32.04	理工能科	10.01	华测导航	20.83	今天国际	22.59
晶盛机电	38.03	完美世界	22.72	富春股份	9.11	天奥电子	19.84	中远海科	19.39
宏达电子	36.20	姚记科技	18.31	启明星辰	9.07	友讯达	19.48	东软载波	18.81
英杰电气	34.53	实益达	16.98	广联达	9.05	广和通	19.11	通行宝	17.19
视源股份	33.46	果麦文化	15.46	朗新科技	9.00	盛路通信	18.01	神州泰岳	16.28
振华科技	32.75	南凌科技	14.01	太极股份	8.91	上海瀚讯	15.48	汉仪股份	15.38
新劲刚	31.17	焦点科技	12.45	维宏股份	8.89	菲菱科思	14.67	中亦科技	14.96
魅视科技	30.72	掌趣科技	9.99	佳发教育	8.63	光迅科技	14.22	国能日新	13.52
中瓷电子	30.52	网宿科技	9.56	杰创智能	7.47	中英科技	14.06	宏景科技	13.51
中一科技	27.23	壹网壹创	8.28	远光软件	7.43	康拓红外	13.32	金卡智能	13.41
锦浪科技	26.54	朗玛信息	7.71	拓尔思	7.29	辉煌科技	12.02	天亿马	12.93

数据来源：Wind金融终端。

第三节 北交所上市公司数字经济分析

一、数字经济核心产业上市公司基本情况

根据国家统计局《数字经济及其核心产业统计分类（2021）》对数字经济核心产业的定义以及二级分类划分，截至2022年年末，北交所共有45家数字经济核心产业上市公司，分布在9个二级分类中。由于数据量较少，上交所和深交所中的有些分析维度没有再详细展开，如增发募集资金情况和董事长薪酬情况。

结合分类情况，我们选择市值和融资两个维度，分析了上市公司的基本情况。首先是数字经济核心产业上市公司中，电子元器件及设备制造类市值占比最高，达306.92亿元。数字经济核心产业上市公司2022年总市值及其变化具体如表4－40所示。

表4－40　北交所数字经济核心产业上市公司近3年总市值及其变化　单位：亿元

数字经济二级分类（数字产业化）	上市公司数量	2022年年末总市值
电子元器件及设备制造	16	306.92
信息技术服务	9	49.14
其他数字产品制造业	6	47.64
软件开发	6	46.93
计算机制造	4	29.65
电信、广播电视和卫星传输服务	1	9.32
互联网相关服务	1	13.57
其他数字要素驱动业	1	5.31
数字媒体设备制造	1	7.57
总计	45	516.05

数据来源：Wind金融终端。

从首发募集资金上来看，电子元器件及设备制造首发实际募集资金远超过其他类别，约为排名第二的信息技术服务的3.3倍。数字经济核心产业上市公司首发募资情况具体如表4－41所示。

表4－41　北交所数字经济核心产业上市公司首发募资情况　单位：亿元

数字经济二级分类（数字产业化）	首发募集资金净额
电子元器件及设备制造	49.17
信息技术服务	14.74
其他数字产品制造业	12.66
软件开发	11.23
计算机制造	6.79
电信、广播电视和卫星传输服务	2.15
互联网相关服务	3.48
其他数字要素驱动业	1.97
数字媒体设备制造	2.18
总计	104.37

数据来源：Wind金融终端。

从数字经济核心产业上市公司2022年增发融资数据可以看出，数字媒体设备制造在2022年增发募集资金额度最大，为1.89亿元，具体公司为微创光电；电子元器件及设备制造排名第二，为0.30亿元，具体公司为雅葆轩；其他核心产业的增发募集资金均为0亿元①。数字经济核心产业上市公司增发募资情况具体如表4－42所示。

表4－42　北交所数字经济核心产业上市公司近3年增发募资情况及其变化　单位：亿元

数字经济二级分类（数字产业化）	增发募集资金（2022年）
电子元器件及设备制造	0.30
信息技术服务	0.00
其他数字产品制造业	0.00
软件开发	0.00

① 由于2022年进行增发募集资金的数字经济核心产业上市公司只有2家，故下文无必要列出各产业类型中各公司的增发募集资金情况。

续表

数字经济二级分类（数字产业化）	增发募集资金（2022年）
计算机制造	0.00
电信、广播电视和卫星传输服务	0.00
互联网相关服务	0.00
其他数字要素驱动业	0.00
数字媒体设备制造	1.59
总计	1.89

数据来源：Wind金融终端。

二、数字经济核心重点产业市值分析

根据数字经济二级分类，对电子元器件及设备制造、信息技术服务、软件开发、其他数字产品制造业和互联网相关服务等核心产业的市值进行分析（截至2022年12月31日），其总市值分布如图4－28所示。

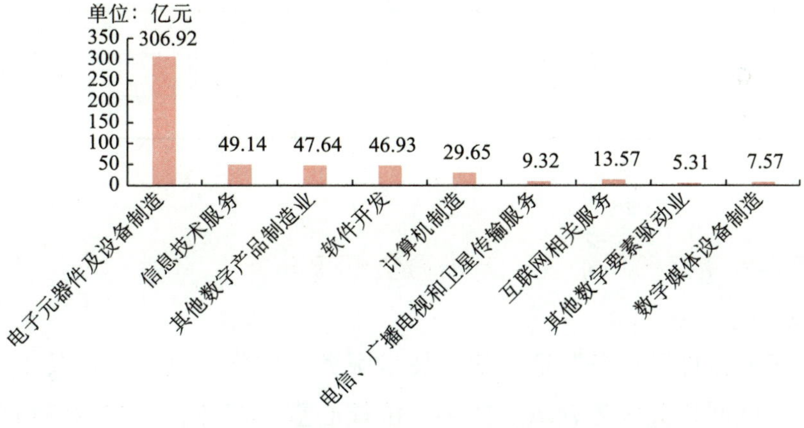

图4－28　北交所数字经济核心产业市值分布情况

数据来源：Wind金融终端。

根据2022年总市值大小排序，列出总市值前五名的数字经济核心重点产业所有上市公司名录，具体如表4－43所示。

表 4－43　　北交所数字经济核心重点产业市值　　单位：亿元

电子元器件及设备制造		信息技术服务		其他数字产品制造业		软件开发		计算机制造	
证券简称	总市值	证券简称	总市值	证券简称	总市值	证券简称	总市值	证券简称	总市值
纬达光电	11.00	众诚科技	5.46	晨光电缆	7.63	美登科技	7.28	雷神科技	11.83
雷特科技	6.19	天润科技	4.66	中寰股份	5.61	联迪信息	4.42	云里物里	7.21
倍益康	12.06	科达自控	8.52	海希通信	10.59	广道数字	8.26	慧为智能	4.24
雅葆轩	7.18	志晟信息	4.27	星辰科技	9.2137	数字人	8.69	朗鸿科技	6.36
远航精密	10.60	汉鑫科技	6.56	常辅股份	3.94	艾融软件	12.85	—	—
华岭股份	25.51	广脉科技	4.74	球冠电缆	10.65	恒拓开源	5.43	—	—
天马新材	9.33	同辉信息	5.42	—	—	—	—	—	—
海泰新能	25.53	国源科技	6.42	—	—	—	—	—	—
则成电子	5.99	殷图网联	3.10	—	—	—	—	—	—
奥迪威	13.64	—	—	—	—	—	—	—	—
泓禧科技	6.44	—	—	—	—	—	—	—	—
威贸电子	5.66	—	—	—	—	—	—	—	—
晶赛科技	9.34	—	—	—	—	—	—	—	—
智新电子	7.30	—	—	—	—	—	—	—	—
连城数控	120.91	—	—	—	—	—	—	—	—
富士达	30.26	—	—	—	—	—	—	—	—

数据来源：Wind 金融终端。

三、数字经济核心重点产业融资情况分析

电子元器件及设备制造、信息技术服务、软件开发、通信及雷达设备制造和互联网相关服务领域是数字经济核心重点产业，对其融资情况进行分析。其中，首发募集资金是融资情况的核心指标之一。

2022 年五类数字经济核心重点产业整体首发募资情况如图 4－29 所示。

根据 2022 年首发募集资金大小排序，列出首发募集资金前五名的数字经济核心重点产业所有上市公司名录，具体如表 4－44 所示。

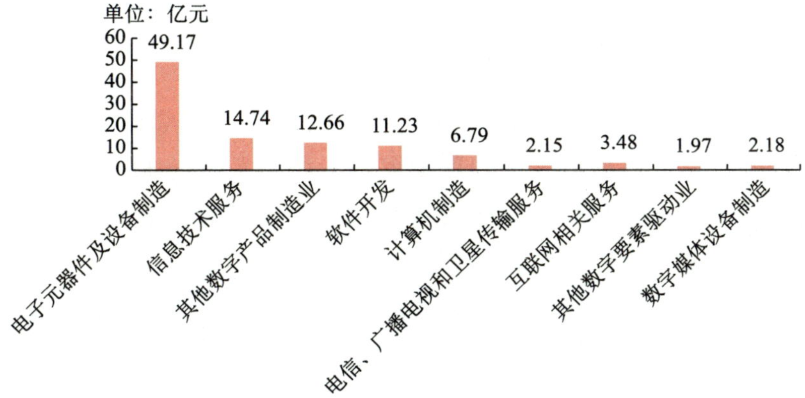

图 4－29　2022 年北交所数字经济核心重点产业首发实际募集资金情况

数据来源：Wind 金融终端。

表 4－44　北交所数字经济核心重点产业首发募集资金　　单位：亿元

电子元器件及设备制造		信息技术服务		其他数字产品制造业		软件开发		计算机制造	
证券简称	首发募集资金	证券简称	首发募集资金	证券简称	首发募集资金	证券简称	首发募集资金	证券简称	首发募集资金
纬达光电	3.27	众诚科技	1.29	晨光电缆	2.01	美登科技	2.00	雷神科技	3.13
雷特科技	1.20	天润科技	1.48	中寰股份	1.31	联迪信息	1.25	云里物里	1.15
倍益康	3.59	科达自控	2.69	海希通信	3.57	广道数字	2.05	慧为智能	1.30
雅葆轩	1.90	志晟信息	1.14	星辰科技	1.68	数字人	1.00	朗鸿科技	1.21
远航精密	4.05	汉鑫科技	1.62	常辅股份	0.44	艾融软件	2.22	—	—
华岭股份	5.40	广脉科技	0.81	球冠电缆	3.64	恒拓开源	2.71	—	—
天马新材	3.08	同辉信息	0.75	—	—	—	—	—	—
海泰新能	5.60	国源科技	3.97	—	—	—	—	—	—
则成电子	1.75	殷图网联	1.00	—	—	—	—	—	—
奥迪威	3.44	—	—	—	—	—	—	—	—
泓禧科技	1.92	—	—	—	—	—	—	—	—
威贸电子	2.10	—	—	—	—	—	—	—	—
晶赛科技	2.50	—	—	—	—	—	—	—	—
智新电子	1.28	—	—	—	—	—	—	—	—
连城数控	5.68	—	—	—	—	—	—	—	—
富士达	2.39	—	—	—	—	—	—	—	—

数据来源：Wind 金融终端。

四、数字经济核心重点产业经营情况分析

营业收入、经营活动产生的现金流量净额是考察一个上市公司经营情况的重要财务数据。2022年电子元器件及设备制造、信息技术服务、其他数字产品制造业、软件开发和计算机制造五个数字经济核心重点产业营业收入情况如图4－30所示，整体来看电子元器件及设备制造类营业收入最高，并且其近3年增长迅速。其余四类重点产业公司的营业收入保持稳定。

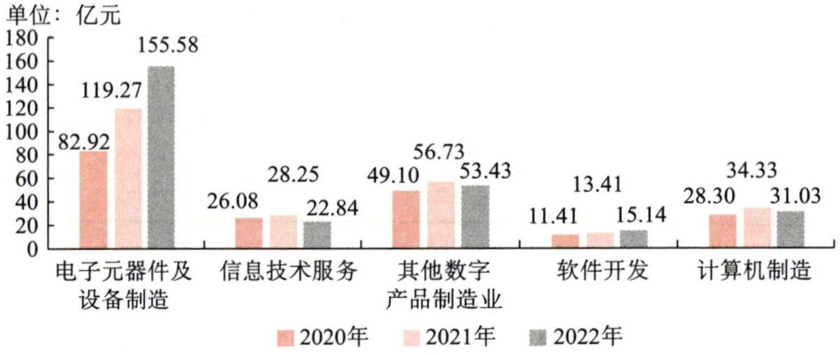

图4－30　北交所数字经济核心重点产业营业收入变化情况

数据来源：Wind金融终端。

2022年，电子元器件及设备制造、信息技术服务、其他数字产品制造业、软件开发和计算机制造五个数字经济核心重点产业所对应的上市公司及营业收入情况如表4－45所示。可以发现，2022年营业收入最高的北交所上市公司是海泰新能，达到63.87亿元。营业收入超过20亿元的上市公司还有连城数控、球冠电缆和雷神科技等。

表4－45　北交所数字经济核心重点产业2022年营业收入TOP20　单位：亿元

电子元器件及设备制造		信息技术服务		其他数字产品制造业		软件开发		计算机制造	
证券简称	营业收入	证券简称	营业收入	证券简称	营业收入	证券简称	营业收入	证券简称	营业收入
纬达光电	2.66	众诚科技	3.77	晨光电缆	18.65	美登科技	1.13	雷神科技	24.15
雷特科技	1.73	天润科技	2.23	中寰股份	2.69	联迪信息	2.39	云里物里	1.56

续表

电子元器件及设备制造		信息技术服务		其他数字产品制造业		软件开发		计算机制造	
证券简称	营业收入	证券简称	营业收入	证券简称	营业收入	证券简称	营业收入	证券简称	营业收入
倍益康	3.91	科达自控	3.47	海希通信	2.21	广道数字	3.06	慧为智能	4.19
雅葆轩	2.37	志晟信息	2.39	星辰科技	1.24	数字人	0.71	朗鸿科技	1.13
远航精密	9.06	汉鑫科技	1.52	常辅股份	2.08	艾融软件	6.06	—	—
华岭股份	2.75	广脉科技	3.42	球冠电缆	26.56	恒拓开源	1.79	—	—
天马新材	1.86	同辉信息	3.34	—	—	—	—	—	—
海泰新能	63.87	国源科技	1.97	—	—	—	—	—	—
则成电子	3.28	殷图网联	0.73	—	—	—	—	—	—
奥迪威	3.78	—	—	—	—	—	—	—	—
泓禧科技	4.27	—	—	—	—	—	—	—	—
威贸电子	2.02	—	—	—	—	—	—	—	—
晶赛科技	3.87	—	—	—	—	—	—	—	—
智新电子	4.34	—	—	—	—	—	—	—	—
连城数控	37.72	—	—	—	—	—	—	—	—
富士达	8.08	—	—	—	—	—	—	—	—

数据来源：Wind 金融终端。

从现金流量净额来看，电子元器件及设备制造经营现金流量净额最高，多数产业 2022 年现金流量净额呈下降趋势。2020～2022 年数字经济核心重点产业现金流量净额变化情况如图 4－31 所示。其中，信息技术服务产业下降至负值，计算机制造产业近 3 年的现金流量净额均为负值。

图 4－31　北交所数字经济核心重点产业现金流量净额变化情况

数据来源：Wind 金融终端。

2022 年，电子元器件及设备制造、信息技术服务、其他数字产品制造业、软件开发和计算机制造五个数字经济核心重点产业所对应的上市公司及现金流量净额情况如表 4－46 所示。可以发现，2022 年现金流量净额最高的北交所上市公司是球冠电缆，达到 1.69 亿元。现金流量净额超过 1 亿元的上市公司还有华岭股份、海希通信、富士达等。不少公司的现金流量净额为负值，其中连城数控为－3.53 亿元，雷神科技为－3.42 亿元。

表 4－46　北交所数字经济核心重点产业经营现金流量净额　　单位：亿元

电子元器件及设备制造		信息技术服务		其他数字产品制造业		软件开发		计算机制造	
证券简称	现金流量净额	证券简称	现金流量净额	证券简称	现金流量净额	证券简称	现金流量净额	证券简称	现金流量净额
纬达光电	0.60	众诚科技	－0.18	晨光电缆	－0.41	美登科技	0.43	雷神科技	－3.42
雷特科技	0.18	天润科技	0.04	中寰股份	0.13	联迪信息	－0.20	云里物里	0.30
倍益康	0.40	科达自控	－0.30	海希通信	1.01	广道数字	0.10	慧为智能	0.22
雅葆轩	0.19	志晟信息	－0.31	星辰科技	－0.06	数字人	0.07	朗鸿科技	0.53
远航精密	0.10	汉鑫科技	－0.87	常辅股份	0.32	艾融软件	0.36	—	—
华岭股份	1.48	广脉科技	0.25	球冠电缆	1.69	恒拓开源	0.11	—	—
天马新材	－0.21	同辉信息	－0.32	—	—	—	—	—	—
海泰新能	0.70	国源科技	－0.34	—	—	—	—	—	—
则成电子	0.20	殷图网联	0.23	—	—	—	—	—	—
奥迪威	0.77	—	—	—	—	—	—	—	—
泓禧科技	0.41	—	—	—	—	—	—	—	—
威贸电子	0.41	—	—	—	—	—	—	—	—
晶赛科技	0.63	—	—	—	—	—	—	—	—
智新电子	0.53	—	—	—	—	—	—	—	—
连城数控	－3.53	—	—	—	—	—	—	—	—
富士达	1.23	—	—	—	—	—	—	—	—

数据来源：Wind 金融终端。

五、数字经济核心重点产业盈利能力分析

盈利能力是指企业获取利润、为企业的资金或资本增值能力，利润率

越高，盈利能力就越强。通过分析上市公司年报披露的净利润、净资产以及净资产收益率，可基本了解电子元器件及设备制造、信息技术服务、其他数字产品制造业、软件开发和计算机制造五个数字经济核心重点产业的上市公司获利能力。

首先对数字经济核心重点产业近 3 年净利润整体情况进行分析，其净利润变化情况如图 4 – 32 所示。

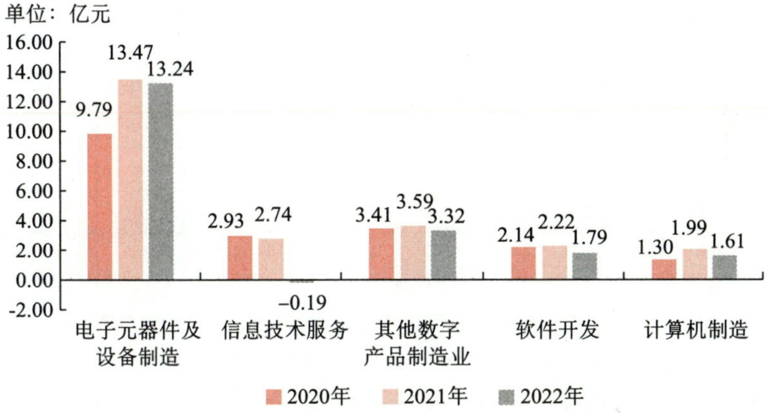

图 4 – 32　北交所数字经济核心重点产业净利润变化情况

数据来源：Wind 金融终端。

由图 4 – 32 可以看出，电子元器件及设备制造在净利润总额方面维持第一；其他四大核心产业 2022 年净利润均有不同幅度的降低。其中，信息技术服务产业的降幅最大，达到了负值。

2022 年，电子元器件及设备制造、信息技术服务、其他数字产品制造业、软件开发和计算机制造五个数字经济核心重点产业所对应的上市公司及净利润情况如表 4 – 47 所示。可以发现，2022 年净利润最高的北交所上市公司是连城数控，达到 4.25 亿元。净利润超过 1 亿元的上市公司还有海泰新能、富士达、球冠电缆等。部分公司的现金流量净额为负值，其中，国源科技为 – 0.83 亿元。

表 4－47　北交所数字经济核心重点产业净利润　单位：亿元

电子元器件及设备制造		信息技术服务		其他数字产品制造业		软件开发		计算机制造	
证券简称	净利润	证券简称	净利润	证券简称	净利润	证券简称	净利润	证券简称	净利润
纬达光电	0.64	众诚科技	0.19	晨光电缆	0.58	美登科技	0.42	雷神科技	0.68
雷特科技	0.39	天润科技	0.44	中寰股份	0.45	联迪信息	0.19	云里物里	0.27
倍益康	0.70	科达自控	0.57	海希通信	0.65	广道数字	0.63	慧为智能	0.25
雅葆轩	0.58	志晟信息	-0.21	星辰科技	0.22	数字人	-0.04	朗鸿科技	0.42
远航精密	0.53	汉鑫科技	-0.12	常辅股份	0.25	艾融软件	0.53	—	—
华岭股份	0.70	广脉科技	0.14	球冠电缆	1.08	恒拓开源	0.07	—	—
天马新材	0.36	同辉信息	-0.45	—	—	—	—	—	—
海泰新能	1.19	国源科技	-0.83	—	—	—	—	—	—
则成电子	0.28	殷图网联	0.06	—	—	—	—	—	—
奥迪威	0.53	—	—	—	—	—	—	—	—
泓禧科技	0.33	—	—	—	—	—	—	—	—
威贸电子	0.35	—	—	—	—	—	—	—	—
晶赛科技	0.44	—	—	—	—	—	—	—	—
智新电子	0.45	—	—	—	—	—	—	—	—
连城数控	4.25	—	—	—	—	—	—	—	—
富士达	1.52	—	—	—	—	—	—	—	—

数据来源：Wind 金融终端。

六、数字经济核心重点产业创新能力分析

创新能力是指技术和各种实践活动领域中不断提供具有经济价值、社会价值、生态价值的新思想、新理论、新方法和新发明的能力，选择电子元器件及设备制造、信息技术服务、其他数字产品制造业、软件开发和计算机制造这几类中的上市公司，对年报中研发支出及其占比两方面，可考察出数字经济核心产业上市公司内在的创新活力。

对数字经济核心重点产业研发支出的近 3 年变化情况进行分析，具体如图 4－33 所示。

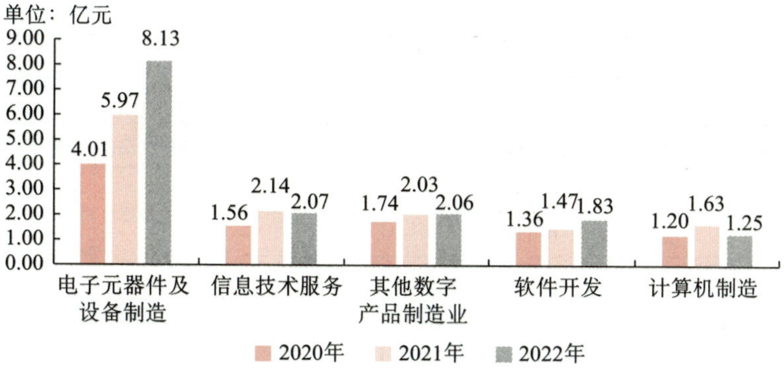

图 4－33 北交所数字经济核心重点产业研发支出变化情况

数据来源：Wind 金融终端。

在这五类中，电子元器件及设备制造类研发支出总额最高，并且增速也最快；其他数字产品制造产业和软件开发产业有小幅增长；信息技术服务和计算机制造有小幅下降。

2022 年，电子元器件及设备制造、信息技术服务、其他数字产品制造业、软件开发和计算机制造五个数字经济核心重点产业所对应的上市公司及研发支出情况如表 4－48 所示。可以发现，2022 年研发支出最高的北交所上市公司是海泰新能，达到 2.64 亿元。研发支出超过 2 亿元的上市公司还有连城数控。

表 4－48 北交所数字经济核心重点产业研发支出 单位：亿元

电子元器件及设备制造		信息技术服务		其他数字产品制造业		软件开发		计算机制造	
证券简称	研发支出	证券简称	研发支出	证券简称	研发支出	证券简称	研发支出	证券简称	研发支出
纬达光电	0.15	众诚科技	0.25	晨光电缆	0.63	美登科技	0.20	雷神科技	0.64
雷特科技	0.14	天润科技	0.12	中寰股份	0.14	联迪信息	0.18	云里物里	0.18
倍益康	0.21	科达自控	0.39	海希通信	0.13	广道数字	0.31	慧为智能	0.36
雅葆轩	0.10	志晟信息	0.21	星辰科技	0.18	数字人	0.25	朗鸿科技	0.07
远航精密	0.31	汉鑫科技	0.17	常辅股份	0.10	艾融软件	0.74	—	—
华岭股份	0.40	广脉科技	0.10	球冠电缆	0.88	恒拓开源	0.15	—	—
天马新材	0.08	同辉信息	0.22	—	—	—	—	—	—

续表

电子元器件及设备制造		信息技术服务		其他数字产品制造业		软件开发		计算机制造	
证券简称	研发支出	证券简称	研发支出	证券简称	研发支出	证券简称	研发支出	证券简称	研发支出
海泰新能	2.64	国源科技	0.49	—	—	—	—	—	—
则成电子	0.22	殷图网联	0.11	—	—	—	—	—	—
奥迪威	0.32	—	—	—	—	—	—	—	—
泓禧科技	0.20	—	—	—	—	—	—	—	—
威贸电子	0.11	—	—	—	—	—	—	—	—
晶赛科技	0.22	—	—	—	—	—	—	—	—
智新电子	0.18	—	—	—	—	—	—	—	—
连城数控	2.21	—	—	—	—	—	—	—	—
富士达	0.64	—	—	—	—	—	—	—	—

数据来源：Wind 金融终端。

接下来对数字经济核心重点产业近 3 年平均研发支出占营收的比例整体情况进行分析，其平均研发支出占营业收入的比例变化情况如图 4－34 所示。

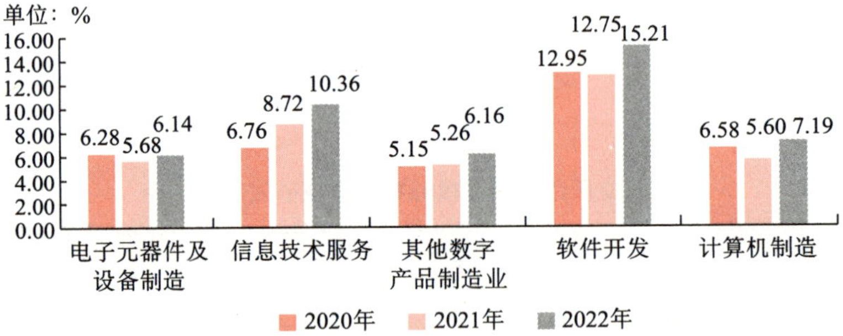

图 4－34　北交所数字经济核心重点产业研发支出占营业收入比例变化情况

数据来源：Wind 金融终端。

虽然电子元器件及设备制造研发支出总额最高，但是其占营业收入的比例并不是最高的，占比最高的为软件开发。整体来看，2022 年，数字经济核心重点产业研发支出占比呈上升趋势。

2022 年，电子元器件及设备制造、信息技术服务、其他数字产品制造业、软件开发和计算机制造五个数字经济核心重点产业所对应的上市公司及研发支出占比情况如表4-49所示。可以发现，2022年研发支出占比最高的北交所上市公司是数字人，达到35.31%。研发支出占比超过20%的上市公司还有国源科技。

表4-49 北交所数字经济核心重点产业研发支出占营收比例 单位：%

电子元器件及设备制造		信息技术服务		其他数字产品制造业		软件开发		计算机制造	
证券简称	研发占比	证券简称	研发占比	证券简称	研发占比	证券简称	研发占比	证券简称	研发占比
纬达光电	5.52	众诚科技	6.51	晨光电缆	3.37	美登科技	17.56	雷神科技	2.66
雷特科技	8.16	天润科技	5.48	中寰股份	5.07	联迪信息	7.71	云里物里	11.25
倍益康	5.49	科达自控	11.25	海希通信	5.90	广道数字	10.13	慧为智能	8.51
雅葆轩	4.11	志晟信息	8.97	星辰科技	14.66	数字人	35.31	朗鸿科技	6.35
远航精密	3.47	汉鑫科技	11.36	常辅股份	4.66	艾融软件	12.17	—	—
华岭股份	14.47	广脉科技	3.07	球冠电缆	3.32	恒拓开源	8.38	—	—
天马新材	4.05	同辉信息	6.65	—	—	—	—	—	—
海泰新能	4.13	国源科技	24.92	—	—	—	—	—	—
则成电子	6.71	殷图网联	15.07	—	—	—	—	—	—
奥迪威	8.52	—	—	—	—	—	—	—	—
泓禧科技	4.71	—	—	—	—	—	—	—	—
威贸电子	5.31	—	—	—	—	—	—	—	—
晶赛科技	5.67	—	—	—	—	—	—	—	—
智新电子	4.09	—	—	—	—	—	—	—	—
连城数控	5.87	—	—	—	—	—	—	—	—
富士达	7.97	—	—	—	—	—	—	—	—

数据来源：Wind金融终端。

七、数字经济核心重点产业薪酬指标分析

薪酬情况在一定程度上反映了一家公司的治理水平和社会责任，尤其是上市公司高管年薪更是社会关注的焦点。数字经济核心产业上市公司董事长薪酬披露情况为：只有15家公司披露了董事长薪酬，有30家公司未

披露或披露为0元，已披露平均值为89.87万元。电子元器件及设备制造、信息技术服务、其他数字产品制造业、软件开发和计算机制造这几类中的上市公司中，薪酬超过百万元的董事长仅有6位①。薪酬排名前二十的数字经济核心产业上市公司2022年董事长薪酬情况如表4-50所示。

表4-50　北交所数字经济核心产业上市公司2022年董事长薪酬　单位：万元

证券简称	数字经济及其核心产业统计分类（中类）	董事长	2022年薪酬
球冠电缆	其他数字产品制造业	陈永明	182.17
华岭股份	电子元器件及设备制造	施瑾	180.90
雷神科技	计算机制造	路凯林	173.36
智新电子	电子元器件及设备制造	赵庆福	145.92
奥迪威	电子元器件及设备制造	张曙光	124.04
富士达	电子元器件及设备制造	武向文	103.90
流金岁月	电信、广播电视和卫星传输服务	王俭	91.60
艾融软件	软件开发	张岩	83.20
朗鸿科技	计算机制造	忻宏	56.40
海希通信	其他数字产品制造业	LI TONG	54.81
建邦科技	其他数字要素驱动业	钟永铎	40.59
倍益康	电子元器件及设备制造	张文	36.60
微创光电	数字媒体设备制造	陈军	32.93
天马新材	电子元器件及设备制造	马淑云	29.78
美登科技	软件开发	邹宇	11.87
纬达光电	电子元器件及设备制造	何水秀	0.00
雷特科技	电子元器件及设备制造	雷建文	0.00
云里物里	计算机制造	庄严	0.00
雅葆轩	电子元器件及设备制造	胡啸宇	0.00
远航精密	电子元器件及设备制造	周林峰	0.00

数据来源：Wind金融终端。

2020~2022年，北交所上市公司数字经济核心重点产业人均薪酬分别约为12.68万元、14.52万元和15.61万元，各产业具体人均薪酬变化情况

① 由于2022年披露董事长薪酬的数字经济核心产业上市公司只有15家，故下文无必要分产业列出具体各公司的董事长薪酬情况。

如图 4－35 所示。

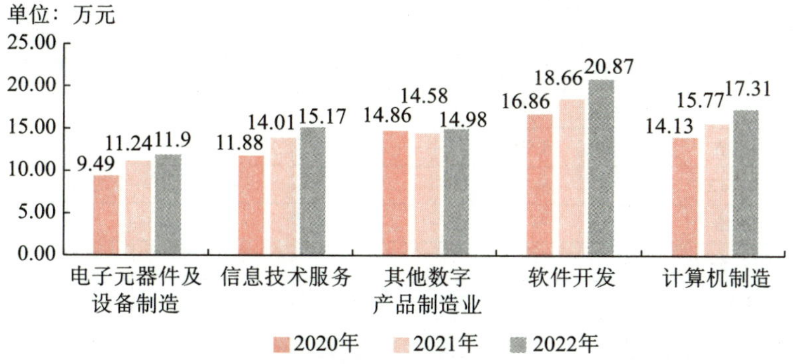

图 4－35　北交所数字经济核心重点产业人均薪酬变化情况

数据来源：Wind 金融终端。

与其他指标不同，从 2022 年的人均薪酬看，电子元器件及设备制造人均薪酬最低，软件开发人均薪酬升为最高，其次分别为计算机制造、信息技术服务和其他数字产品制造业。

2022 年，电子元器件及设备制造、信息技术服务、其他数字产品制造业、软件开发和计算机制造五个数字经济核心重点产业所对应的上市公司及研发支出占比情况如表 4－51 所示。可以发现，2022 年人均薪酬最高的北交所上市公司是同辉信息，达到 28.24 万元。人均薪酬超过 20 万元的上市公司还有纬达光电、美登科技、联迪信息、广道数字、数字人等。

表 4－51　　北交所数字经济核心重点产业人均薪酬　　单位：万元

电子元器件及设备制造		信息技术服务		其他数字产品制造业		软件开发		计算机制造	
证券简称	人均薪酬	证券简称	人均薪酬	证券简称	人均薪酬	证券简称	人均薪酬	证券简称	人均薪酬
纬达光电	25.67	众诚科技	12.57	晨光电缆	13.20	美登科技	21.84	雷神科技	18.61
雷特科技	7.28	天润科技	9.72	中寰股份	19.92	联迪信息	22.81	云里物里	15.91
倍益康	14.36	科达自控	13.04	海希通信	12.27	广道数字	20.88	慧为智能	15.23
雅葆轩	14.20	志晟信息	12.80	星辰科技	15.19	数字人	24.93	朗鸿科技	19.51
远航精密	10.41	汉鑫科技	13.03	常辅股份	13.53	艾融软件	14.99	—	—
华岭股份	8.39	广脉科技	16.60	球冠电缆	15.78	恒拓开源	19.77	—	—
天马新材	12.54	同辉信息	28.24	—	—	—	—	—	—

续表

电子元器件及设备制造		信息技术服务		其他数字产品制造业		软件开发		计算机制造	
证券简称	人均薪酬	证券简称	人均薪酬	证券简称	人均薪酬	证券简称	人均薪酬	证券简称	人均薪酬
海泰新能	13.08	国源科技	16.19	—	—	—	—	—	—
则成电子	9.35	殷图网联	14.35	—	—	—	—	—	—
奥迪威	10.42	—	—	—	—	—	—	—	—
泓禧科技	9.48	—	—	—	—	—	—	—	—
威贸电子	11.32	—	—	—	—	—	—	—	—
晶赛科技	4.91	—	—	—	—	—	—	—	—
智新电子	12.84	—	—	—	—	—	—	—	—
连城数控	10.53	—	—	—	—	—	—	—	—
富士达	15.57	—	—	—	—	—	—	—	—

数据来源：Wind 金融终端。

八、数字经济核心重点产业人均指标分析

上市公司规模差别较大，人均指标更能判断出市场上最能创造价值、最具“性价比”的公司，我们尝试从人均创收、人均创利两个指标，判断公司价值。

首先对数字经济核心重点产业人均创收的近 3 年变化情况进行分析，具体如图 4－36 所示。

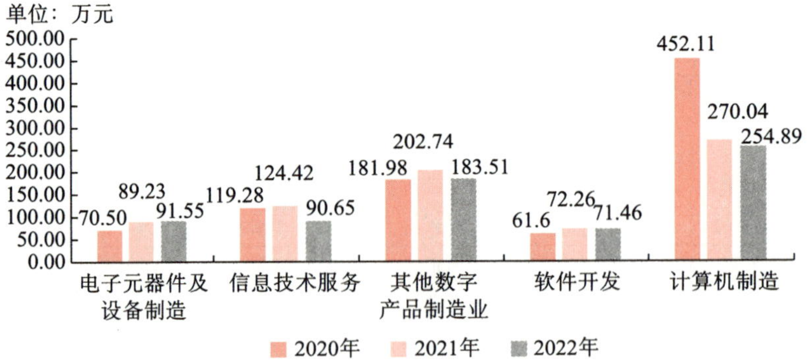

图 4－36 北交所数字经济核心重点产业人均创收变化情况

数据来源：Wind 金融终端。

在人均创收方面，计算机制造明显高于其他类，其3年的人均创收均在250万元以上。其他四类中，电子元器件及设备制造近3年的人均创收一直在增长；计算机制造类中2020～2022年人均创收持续降低。2022年信息技术服务、其他数字产品制造业、软件开发三类的人均创收都有所下降。

2022年，电子元器件及设备制造、信息技术服务、其他数字产品制造业、软件开发和计算机制造五个数字经济核心重点产业所对应的上市公司及人均创收情况如表4－52所示。可以发现，2022年人均创收最高的北交所上市公司是雷神科技，达到754.81万元。人均创收超过200万元的上市公司还有同辉信息、晨光电缆、海希通信、数字人和泓禧科技等。

表4－52　　北交所数字经济核心重点产业人均创收　　单位：万元

电子元器件及设备制造		信息技术服务		其他数字产品制造业		软件开发		计算机制造	
证券简称	人均创收	证券简称	人均创收	证券简称	人均创收	证券简称	人均创收	证券简称	人均创收
纬达光电	75.89	众诚科技	100.52	晨光电缆	450.97	美登科技	29.23	雷神科技	754.81
雷特科技	35.05	天润科技	39.12	中寰股份	87.87	联迪信息	87.69	云里物里	80.23
倍益康	48.21	科达自控	70.44	海希通信	320.96	广道数字	32.63	慧为智能	44.89
雅葆轩	68.98	志晟信息	59.72	星辰科技	125.28	数字人	216.89	朗鸿科技	139.66
远航精密	65.07	汉鑫科技	80.44	常辅股份	42.67	艾融软件	30.79	—	—
华岭股份	106.86	广脉科技	144.79	球冠电缆	73.34	恒拓开源	31.52	—	—
天马新材	124.49	同辉信息	214.38	—	—	—	—	—	—
海泰新能	53.58	国源科技	31.55	—	—	—	—	—	—
则成电子	78.14	殷图网联	74.89	—	—	—	—	—	—
奥迪威	194.34	—	—	—	—	—	—	—	—
泓禧科技	305.75	—	—	—	—	—	—	—	—
威贸电子	46.66	—	—	—	—	—	—	—	—
晶赛科技	22.53	—	—	—	—	—	—	—	—
智新电子	61.42	—	—	—	—	—	—	—	—
连城数控	57.63	—	—	—	—	—	—	—	—
富士达	120.21	—	—	—	—	—	—	—	—

数据来源：Wind金融终端。

接下来对数字经济核心重点产业人均创利情况进行分析，各产业近3

年人均创利变化情况如图 4－37 所示。

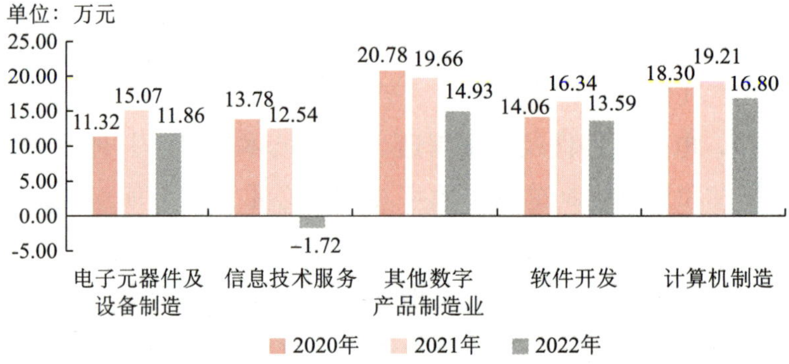

图 4－37　北交所数字经济核心重点产业人均创利变化情况

数据来源：Wind 金融终端。

在人均创利方面，2022 年电子元器件及设备制造、信息技术服务、其他数字产品制造业、软件开发和计算机制造五个数字经济核心重点产业的人均创利都出现不同程度的下降，降幅最大的是信息技术服务类，连续下降，在 2022 年人均创利达到了负值。

2022 年，电子元器件及设备制造、信息技术服务、其他数字产品制造业、软件开发和计算机制造五个数字经济核心重点产业所对应的上市公司及人均创利情况如表 4－53 所示。可以发现，2022 年人均创利最高的北交所上市公司是数字人，达到 44. 62 万元。人均创利超过 20 万元的上市公司还有华岭股份、天马新材、中寰股份、星辰科技、联迪信息、雷神科技和云里物里等。而人均创利最低的上市公司是同辉信息，达到－28. 54 万元。

表 4－53　北交所数字经济核心重点产业人均创利　　单位：万元

电子元器件及设备制造		信息技术服务		其他数字产品制造业		软件开发		计算机制造	
证券简称	人均创利	证券简称	人均创利	证券简称	人均创利	证券简称	人均创利	证券简称	人均创利
纬达光电	19. 25	众诚科技	5. 31	晨光电缆	18. 35	美登科技	2. 49	雷神科技	21. 46
雷特科技	3. 67	天润科技	7. 62	中寰股份	23. 82	联迪信息	32. 48	云里物里	29. 88
倍益康	6. 76	科达自控	11. 51	海希通信	9. 92	广道数字	2. 56	慧为智能	7. 67
雅葆轩	12. 19	志晟信息	－4. 88	星辰科技	20. 76	数字人	44. 62	朗鸿科技	8. 18

续表

电子元器件及设备制造		信息技术服务		其他数字产品制造业		软件开发		计算机制造	
证券简称	人均创利	证券简称	人均创利	证券简称	人均创利	证券简称	人均创利	证券简称	人均创利
远航精密	11.65	汉鑫科技	-6.18	常辅股份	8.02	艾融软件	-1.83	—	—
华岭股份	20.48	广脉科技	6.32	球冠电缆	8.73	恒拓开源	1.24	—	—
天马新材	29.94	同辉信息	-28.54	—	—	—	—	—	—
海泰新能	12.17	国源科技	-13.25	—	—	—	—	—	—
则成电子	19.30	殷图网联	6.61	—	—	—	—	—	—
奥迪威	11.47	—	—	—	—	—	—	—	—
泓禧科技	5.67	—	—	—	—	—	—	—	—
威贸电子	3.98	—	—	—	—	—	—	—	—
晶赛科技	1.74	—	—	—	—	—	—	—	—
智新电子	10.57	—	—	—	—	—	—	—	—
连城数控	6.49	—	—	—	—	—	—	—	—
富士达	14.41	—	—	—	—	—	—	—	—

数据来源：Wind 金融终端。

第五章　境内外数字经济核心领域上市公司对比分析篇

当前，数字经济正日益成为经济社会发展的重要推动力，伴随国家政策与战略落地，众多数字经济核心产业上市公司乘着时代风口，拥抱新一轮发展机遇。

本章选择数字经济核心产业中的典型境内外上市公司各 25 家，对比分析境内外上市公司在总市值、经营能力、创新能力等方面，从微观层面反映数字经济上市公司的发展状况。总体来看，市值排名前 25 家境内外数字经济上市公司较多分布在互联网软件与服务、半导体产品、综合电信服务等领域，企业合计占比 36%。营收方面，境内外数字经济上市公司的营收规模有明显差距，平均营收规模境外高于境内，境内公司平均营收规模为 2362.83 亿元（人民币），境外公司平均营收规模为 998.74 亿美元；净利润方面，境内公司平均净利润为 223.91 亿元（人民币），境外公司平均净利润为 150.11 亿美元。ROA 和 ROE 方面，境内上市公司 ROA 及 ROE 平均水平分别为 7.22 及 12.90，境外上市公司 ROA 及 ROE 平均水平分别为 14.19 及 32.19，境外公司整体表现好于境内公司。人均营收方面，境内上市公司的平均规模达 297.29 万元（人民币），境外上市公司的平均规模达 89.47 万美元；研发支出方面，境内上市公司研发支出平均为 114.79 亿元（人民币），境外上市公司研发支出平均达到 127.65 亿美元，境外上市公司在研发投入方面明显高于境内上市公司。

第一节 境内外数字经济核心领域上市公司基本情况

一、基本情况概述

结合数字经济产业分类，本章按照2022年12月31日境内外数字经济上市公司总市值从高到低排序，整理得到境内外数字经济共50家代表性上市公司，其中境内数字经济上市公司25家，境外数字经济上市公司25家，分别从总市值、总营收及增速、净利润、市盈率、资产收益率ROA、净资产收益率ROE等维度对境内外数字经济上市公司情况进行具体分析。具体情况如表5－1和表5－2所示。

表5－1 境内数字经济上市公司基本情况（共25家）

证券代码	证券简称	成立时间	员工总数	所属行业
0700. HK	腾讯控股	1999年	108436	互联网软件与服务
9988. HK	阿里巴巴－SW	1999年	243903	互联网零售
3690. HK	美团－W	2015年	91932	互联网零售
600941. SH	中国移动	1997年	450698	综合电信服务
300750. SZ	宁德时代	2011年	118914	电气部件与设备
9618. HK	京东集团－SW	2006年	450679	互联网零售
9999. HK	网易－S	1999年	31119	互联网软件与服务
601728. SH	中国电信	2002年	280683	综合电信服务
002415. SZ	海康威视	2001年	58284	电子设备和仪器
601012. SH	隆基绿能	2000年	60601	半导体产品
9888. HK	百度集团－SW	2000年	41300	互联网软件与服务
1024. HK	快手－W	2014年	25445	家庭娱乐软件
1810. HK	小米集团－W	2010年	32543	通信设备
002475. SZ	立讯精密	2004年	236932	电子元件

续表

证券代码	证券简称	成立时间	员工总数	所属行业
300124. SZ	汇川技术	2003 年	20256	电气部件与设备
600438. SH	通威股份	1995 年	41214	半导体产品
688981. SH	中芯国际	2004 年	21619	半导体产品
600406. SH	国电南瑞	2001 年	10483	电气部件与设备
600050. SH	中国联通	2001 年	244508	综合电信服务
000725. SZ	京东方 A	1993 年	88343	电子元件
002371. SZ	北方华创	2001 年	10007	半导体设备
000063. SZ	中兴通讯	1997 年	74811	通信设备
PDD. O	拼多多	2015 年	12992	互联网零售
688041. SH	海光信息	2014 年	1419	半导体产品
TCOM. O	携程网	2000 年	32202	互联网零售

表 5－2　　境外数字经济上市公司基本情况（共 25 家）

证券代码	证券简称	成立时间	员工总数	所属行业
AAPL. O	苹果（APPLE）	1977 年	164000	电脑硬件
MSFT. O	微软（MICROSOFT）	1975 年	221000	系统软件
GOOG. O	谷歌（ALPHABET）－C	1998 年	190711	互联网软件与服务
AMZN. O	亚马逊（AMAZON）	1994 年	1541000	互联网零售
NVDA. O	英伟达（NVIDIA）	1993 年	26196	半导体产品
META. O	脸书（META PLATFORMS）	2004 年	86482	互联网软件与服务
AVGO. O	博通（BROADCOM）	2005 年	20000	半导体产品
ORCL. N	甲骨文（ORACLE）	1977 年	143000	系统软件
ASML. O	阿斯麦（ASML）	1994 年	32016	半导体设备
CSCO. O	思科（CISCO）	1984 年	83300	通信设备
ACN. N	埃森哲（ACCENTURE）	2009 年	738000	信息科技咨询与其他服务
TMUS. O	T－MOBILE US	2013 年	71000	无线电信业务
VZ. N	威瑞森电信（VERIZON）	1983 年	117100	综合电信服务
ADBE. O	奥多比（ADOBE）	1982 年	29239	应用软件
TXN. O	德州仪器（TEXAS INSTRUMENTS）	1930 年	33000	半导体产品
CRM. N	赛富时（SALESFORCE）	1999 年	79390	应用软件
NFLX. O	奈飞（NETFLIX）	1997 年	12800	电影与娱乐

续表

证券代码	证券简称	成立时间	员工总数	所属行业
T. N	美国电话电报（AT&T）	1983 年	160700	综合电信服务
IBM. N	IBM	1911 年	282100	信息科技咨询与其他服务
SAP. N	思爱普（SAP）	1972 年	107415	应用软件
QCOM. O	高通（QUALCOMM）	1985 年	51000	通信设备
INTC. O	英特尔（INTEL）	1968 年	131900	半导体产品
AMD. O	超威半导体（AMD）	1969 年	25000	半导体产品
AMAT. O	应用材料（APPLIED MATERIAL）	1967 年	33000	半导体设备
NOW. N	SERVICENOW	2004 年	20433	系统软件

从所属行业来看，市值排名前二十五家境内外数字经济上市公司较多分布在互联网软件与服务、半导体产品、综合电信服务等领域，企业合计占比 36%。具体来看，互联网软件与服务境内上市公司 3 家，境外上市公司 2 家；半导体产品境内上市公司 4 家，境外上市公司 4 家；综合电信服务境内上市公司 3 家，境外上市公司 2 家。

从成立时间来看，境外 25 家数字经济上市公司中，有 20 家公司在 2000 年前成立，其中 IBM 和德州仪器早在 20 世纪初便已成立。而境内数字经济上市公司普遍在 2000 年前后成立，公司资历较为“年轻”。

从员工规模来看，境内外数字经济上市公司表现出不同特点。境内数字经济上市公司员工规模较大的企业侧重在综合电信服务、互联网零售等领域，如中国移动、京东集团。境外数字经济上市公司员工规模较大的企业侧重在互联网零售及信息科技咨询与其他服务领域，如亚马逊、埃森哲。

二、市值情况

按照 2022 年 12 月 31 日境内外数字经济领域上市公司总市值从高到低排序，梳理出境内外数字经济上市公司各 25 家，具体市值信息如表 5－3 所示。

表 5－3　　2022 年境内外上市公司总市值对比

境内公司			境外公司		
证券代码	证券简称	总市值（亿元）	证券代码	证券简称	总市值（亿美元）
0700. HK	腾讯控股	31959. 59	AAPL. O	苹果（APPLE）	20669. 42
9988. HK	阿里巴巴－SW	18268. 00	MSFT. O	微软（MICROSOFT）	17877. 32
3690. HK	美团－W	10812. 48	GOOG. O	谷歌（ALPHABET）－C	11450. 04
600941. SH	中国移动	10068. 92	AMZN. O	亚马逊（AMAZON）	8569. 39
300750. SZ	宁德时代	9609. 34	NVDA. O	英伟达（NVIDIA）	3595. 04
9618. HK	京东集团－SW	6956. 80	META. O	脸书（META PLATFORMS）	3190. 87
9999. HK	网易－S	3760. 17	AVGO. O	博通（BROADCOM）	2336. 53
601728. SH	中国电信	3633. 25	ORCL. N	甲骨文（ORACLE）	2203. 92
002415. SZ	海康威视	3270. 64	ASML. O	阿斯麦（ASML）	2199. 82
601012. SH	隆基绿能	3204. 01	CSCO. O	思科（CISCO）	1957. 10
9888. HK	百度集团－SW	3087. 76	ACN. N	埃森哲（ACCENTURE）	1758. 18
1024. HK	快手－W	3058. 41	TMUS. O	T－MOBILE US	1741. 82
1810. HK	小米集团－W	2729. 46	VZ. N	威瑞森电信（VERIZON）	1654. 73
002475. SZ	立讯精密	2259. 17	ADBE. O	奥多比（ADOBE）	1554. 77
300124. SZ	汇川技术	1847. 64	TXN. O	德州仪器（TEXAS INSTRUMENTS）	1499. 49
600438. SH	通威股份	1736. 76	CRM. N	赛富时（SALESFORCE）	1325. 90
688981. SH	中芯国际	1694. 72	NFLX. O	奈飞（NETFLIX）	1312. 28
600406. SH	国电南瑞	1633. 54	T. N	美国电话电报（AT&T）	1312. 08
600050. SH	中国联通	1424. 84	IBM. N	IBM	1273. 82
000725. SZ	京东方 A	1288. 91	SAP. N	思爱普（SAP）	1261. 68
002371. SZ	北方华创	1190. 82	QCOM. O	高通（QUALCOMM）	1230. 23
000063. SZ	中兴通讯	1145. 46	INTC. O	英特尔（INTEL）	1090. 77
PDD. O	拼多多	1031. 11	AMD. O	超威半导体（AMD）	1044. 32
688041. SH	海光信息	932. 52	AMAT. O	应用材料（APPLIED MATERIAL）	822. 02
TCOM. O	携程网	239. 85	NOW. N	SERVICENOW	784. 31

根据表 5－3，境内市值超万亿元的数字经济上市公司为腾讯控股、阿里巴巴、美团、中国移动，分别属于互联网软件与服务、互联网零售、综

合电信服务行业，超万亿元上市公司总市值之和占境内25家上市公司总市值之和的比重为56.06%；境外市值超万亿美元的数字经济上市公司为苹果、微软、谷歌，分别属于电脑硬件、系统软件、互联网软件与服务行业，总市值之和占境外25家上市公司总市值之和比重为53.35%。另外，境内上市公司总市值的差距更为显著：境内市值位列首位的数字经济上市公司腾讯控股总市值是末位携程网的133倍，而境外位列首位的数字经济上市公司苹果的总市值为末位SERVICENOW的26倍。

第二节　境内外数字经济核心领域上市公司经营绩效对比

一、营收及增速对比

按照2022年境内外数字经济上市公司总营收从高到低排序，营收情况如表5－4所示。

表5－4　　2022年境内外数字经济上市公司总营收对比

境内公司			境外公司		
证券代码	证券简称	营业总收入（亿元）	证券代码	证券简称	营业总收入（亿美元）
9618. HK	京东集团－SW	10462. 36	AMZN. O	亚马逊（AMAZON）	5139. 83
600941. SH	中国移动	9372. 59	AAPL. O	苹果（APPLE）	3943. 28
9988. HK	阿里巴巴－SW	8686. 87	GOOG. O	谷歌（ALPHABET）－C	2828. 36
0700. HK	腾讯控股	5545. 52	MSFT. O	微软（MICROSOFT）	1982. 70
601728. SH	中国电信	4749. 67	VZ. N	威瑞森电信（VERIZON）	1368. 35
600050. SH	中国联通	3549. 44	T. N	美国电话电报（AT&T）	1207. 41
300750. SZ	宁德时代	3285. 94	META. O	脸书（META PLATFORMS）	1166. 09
1810. HK	小米集团－W	2800. 44	TMUS. O	T－MOBILE US	795. 71

续表

境内公司			境外公司		
证券代码	证券简称	营业总收入（亿元）	证券代码	证券简称	营业总收入（亿美元）
3690. HK	美团 - W	2200. 76	INTC. O	英特尔（INTEL）	630. 54
002475. SZ	立讯精密	2140. 28	ACN. N	埃森哲（ACCENTURE）	615. 94
000725. SZ	京东方 A	1784. 14	IBM. N	IBM	605. 30
600438. SH	通威股份	1424. 23	CSCO. O	思科（CISCO）	515. 57
PDD. O	拼多多	1305. 58	QCOM. O	高通（QUALCOMM）	442. 00
601012. SH	隆基绿能	1289. 98	AVGO. O	博通（BROADCOM）	332. 03
9888. HK	百度集团 - SW	1236. 75	SAP. N	思爱普（SAP）	329. 02
000063. SZ	中兴通讯	1229. 54	NFLX. O	奈飞（NETFLIX）	316. 16
9999. HK	网易 - S	964. 96	CRM. N	赛富时（SALESFORCE）	313. 52
1024. HK	快手 - W	942. 03	NVDA. O	英伟达（NVIDIA）	269. 74
002415. SZ	海康威视	831. 66	AMAT. O	应用材料（APPLIED MATERIAL）	257. 85
688981. SH	中芯国际	495. 16	AMD. O	超威半导体（AMD）	236. 01
600406. SH	国电南瑞	468. 29	ASML. O	阿斯麦（ASML）	225. 67
300124. SZ	汇川技术	230. 08	TXN. O	德州仪器（TEXAS INSTRUMENTS）	200. 28
TCOM. O	携程网	200. 39	ADBE. O	奥多比（ADOBE）	176. 06
002371. SZ	北方华创	146. 88	NOW. N	SERVICENOW	72. 45
688041. SH	海光信息	51. 25	ORCL. N	甲骨文（ORACLE）	

根据表 5 -4，境内外营收规模排名前五的数字经济上市公司主要集中在互联网零售、综合电信服务、电脑硬件、互联网软件与服务行业。境内较境外公司的营收差距相对较大，境内数字经济上市公司中，京东集团的营收最高为 10462. 36 亿元，为最低的海光信息营收的 204 倍；境外数字经济上市公司中，亚马逊的营收最高为 5139. 83 亿美元，为最低的 SERVICE-NOW 的 71 倍。

按照 2022 年境内外数字经济上市公司总营收增速从高到低排序，具体信息如表 5 -5 所示。

表 5-5 2022 年境内外数字经济上市公司总营收增速对比

境内公司			境外公司		
证券代码	证券简称	营收同比增速（%）	证券代码	证券简称	营收同比增速（%）
300750. SZ	宁德时代	152. 07	AMD. O	超威半导体（AMD）	43. 61
600438. SH	通威股份	124. 32	QCOM. O	高通（QUALCOMM）	31. 68
688041. SH	海光信息	121. 83	NOW. N	SERVICENOW	22. 88
601012. SH	隆基绿能	59. 39	ACN. N	埃森哲（ACCENTURE）	21. 89
002371. SZ	北方华创	51. 68	AVGO. O	博通（BROADCOM）	20. 96
002475. SZ	立讯精密	39. 03	CRM. N	赛富时（SALESFORCE）	18. 35
688981. SH	中芯国际	38. 97	MSFT. O	微软（MICROSOFT）	17. 96
PDD. O	拼多多	38. 97	AMAT. O	应用材料（APPLIED MATERIAL）	11. 80
300124. SZ	汇川技术	28. 23	ADBE. O	奥多比（ADOBE）	11. 54
3690. HK	美团-W	22. 86	GOOG. O	谷歌（ALPHABET）-C	9. 78
1024. HK	快手-W	16. 13	AMZN. O	亚马逊（AMAZON）	9. 40
600941. SH	中国移动	10. 49	TXN. O	德州仪器（TEXAS INSTRUMENTS）	9. 18
600406. SH	国电南瑞	10. 42	AAPL. O	苹果（APPLE）	7. 79
9999. HK	网易-S	10. 15	ASML. O	阿斯麦（ASML）	7. 08
9618. HK	京东集团-SW	9. 95	NFLX. O	奈飞（NETFLIX）	6. 46
601728. SH	中国电信	9. 40	IBM. N	IBM	5. 54
600050. SH	中国联通	8. 26	SAP. N	思爱普（SAP）	4. 36
000063. SZ	中兴通讯	7. 36	CSCO. O	思科（CISCO）	3. 49
002415. SZ	海康威视	2. 14	VZ. N	威瑞森电信（VERIZON）	2. 41
9988. HK	阿里巴巴-SW	1. 83	NVDA. O	英伟达（NVIDIA）	0. 22
TCOM. O	携程网	0. 08	TMUS. O	T-MOBILE US	-0. 68
9888. HK	百度集团-SW	-0. 66	META. O	脸书（META PLATFORMS）	-1. 12
0700. HK	腾讯控股	-1. 21	INTC. O	英特尔（INTEL）	-20. 21
1810. HK	小米集团-W	-14. 78	T. N	美国电话电报（AT&T）	-28. 50
000725. SZ	京东方 A	-18. 65	ORCL. N	甲骨文（ORACLE）	

根据表 5-5，境内外营收同比增速排名前五的数字经济上市公司主要集中在电气部件与设备、半导体产品、通信设备、信息科技咨询与其他服

务行业。境内数字经济上市公司的营收增速明显高于境外。境内数字经济上市公司中，宁德时代的营收同比增速最高为152.07%。境外数字经济公司中，超威半导体（AMD）的营收同比增速最高为43.61%。

二、净利润对比

按照2022年境内外数字经济上市公司净利润从高到低排序，净利润情况如表5－6所示。

表5－6　2022年境内外数字经济上市公司净利润对比

境内公司			境外公司		
证券代码	证券简称	净利润（亿元）	证券代码	证券简称	净利润（亿美元）
0700.HK	腾讯控股	1887.09	AAPL.O	苹果（APPLE）	998.03
600941.SH	中国移动	1255.94	MSFT.O	微软（MICROSOFT）	727.38
9988.HK	阿里巴巴－SW	727.83	GOOG.O	谷歌（ALPHABET）－C	599.72
300750.SZ	宁德时代	334.57	META.O	脸书（META PLATFORMS）	232.00
600438.SH	通威股份	323.73	VZ.N	威瑞森电信（VERIZON）	212.56
PDD.O	拼多多	315.38	QCOM.O	高通（QUALCOMM）	129.36
601728.SH	中国电信	276.76	CSCO.O	思科（CISCO）	118.12
9999.HK	网易－S	198.43	AVGO.O	博通（BROADCOM）	114.95
600050.SH	中国联通	166.51	TXN.O	德州仪器（TEXAS INSTRUMENTS）	87.49
601012.SH	隆基绿能	147.63	INTC.O	英特尔（INTEL）	80.14
688981.SH	中芯国际	146.54	ACN.N	埃森哲（ACCENTURE）	68.77
002415.SZ	海康威视	135.57	AMAT.O	应用材料（APPLIED MATERIAL）	65.25
002475.SZ	立讯精密	104.91	ASML.O	阿斯麦（ASML）	59.94
9618.HK	京东集团－SW	96.91	ADBE.O	奥多比（ADOBE）	47.56
000063.SZ	中兴通讯	77.92	NFLX.O	奈飞（NETFLIX）	44.92
9888.HK	百度集团－SW	75.34	NVDA.O	英伟达（NVIDIA）	43.68
600406.SH	国电南瑞	69.05	TMUS.O	T－MOBILE US	25.90

续表

境内公司			境外公司		
证券代码	证券简称	净利润（亿元）	证券代码	证券简称	净利润（亿美元）
300124. SZ	汇川技术	43. 24	SAP. N	思爱普（SAP）	24. 34
002371. SZ	北方华创	25. 41	IBM. N	IBM	16. 39
1810. HK	小米集团 - W	25. 03	AMD. O	超威半导体（AMD）	13. 20
TCOM. O	携程网	13. 67	NOW. N	SERVICENOW	3. 25
688041. SH	海光信息	11. 25	CRM. N	赛富时（SALESFORCE）	2. 08
000725. SZ	京东方 A	-17. 37	AMZN. O	亚马逊（AMAZON）	-27. 22
3690. HK	美团 - W	-66. 85	T. N	美国电话电报（AT&T）	-85. 24
1024. HK	快手 - W	-136. 89	ORCL. N	甲骨文（ORACLE）	

根据表 5 -6，境内外净利润排名前五的数字经济上市公司主要集中在互联网软件与服务、综合电信服务、电脑硬件行业。境内数字经济上市公司中，腾讯控股的净利润最高为 1887. 09 亿元，净利润突破千亿元规模的企业为腾讯控股和中国移动；境外数字经济上市公司中，苹果的净利润最高，净利润为 998. 03 亿美元。

三、资产收益率（ROA）对比

按照 2022 年境内外数字经济上市公司资产收益率（ROA）从高到低排序，ROA 情况如表 5 -7 所示。

表 5 -7　2022 年境内外数字经济上市公司资产收益率（ROA）对比

境内公司			境外公司		
证券代码	证券简称	ROA（%）	证券代码	证券简称	ROA（%）
600438. SH	通威股份	33. 46	TXN. O	德州仪器（TEXAS INSTRUMENTS）	38. 67
PDD. O	拼多多	15. 45	AAPL. O	苹果（APPLE）	33. 88
9999. HK	网易 - S	14. 86	QCOM. O	高通（QUALCOMM）	33. 24

续表

境内公司			境外公司		
证券代码	证券简称	ROA（%）	证券代码	证券简称	ROA（%）
601012. SH	隆基绿能	13. 62	AMAT. O	应用材料（APPLIED MATERIAL）	29. 64
300124. SZ	汇川技术	13. 47	MSFT. O	微软（MICROSOFT）	23. 97
0700. HK	腾讯控股	13. 27	ADBE. O	奥多比（ADOBE）	22. 27
002415. SZ	海康威视	12. 77	ACN. N	埃森哲（ACCENTURE）	20. 34
600406. SH	国电南瑞	10. 07	ASML. O	阿斯麦（ASML）	19. 82
002475. SZ	立讯精密	8. 69	GOOG. O	谷歌（ALPHABET）－C	19. 69
600941. SH	中国移动	8. 33	AVGO. O	博通（BROADCOM）	18. 91
300750. SZ	宁德时代	7. 66	META. O	脸书（META PLATFORMS）	16. 39
002371. SZ	北方华创	7. 48	CSCO. O	思科（CISCO）	15. 00
688041. SH	海光信息	6. 46	NFLX. O	奈飞（NETFLIX）	12. 09
688981. SH	中芯国际	4. 94	NVDA. O	英伟达（NVIDIA）	9. 78
000063. SZ	中兴通讯	4. 72	VZ. N	威瑞森电信（VERIZON）	8. 51
9988. HK	阿里巴巴－SW	4. 70	SAP. N	思爱普（SAP）	6. 24
601728. SH	中国电信	4. 56	INTC. O	英特尔（INTEL）	4. 38
600050. SH	中国联通	3. 16	NOW. N	SERVICENOW	3. 31
9618. HK	京东集团－SW	2. 54	AMD. O	超威半导体（AMD）	3. 05
9888. HK	百度集团－SW	1. 76	TMUS. O	T－MOBILE US	1. 51
1810. HK	小米集团－W	0. 99	IBM. N	IBM	0. 89
TCOM. O	携程网	0. 79	CRM. N	赛富时（SALESFORCE）	0. 68
000725. SZ	京东方 A	0. 49	T. N	美国电话电报（AT&T）	－0. 65
3690. HK	美团－W	－2. 40	AMZN. O	亚马逊（AMAZON）	－1. 03
1024. HK	快手－W	－13. 98	ORCL. N	甲骨文（ORACLE）	

根据表5－7，境内外资产收益率（ROA）排名前五的数字经济上市公司主要集中在半导体产品、互联网零售、互联网软件与服务行业。境内外数字经济上市公司ROA最高值差距不大。境内数字经济上市公司中，通威股份ROA最高，达33. 46%；境外数字经济上市公司中，德州仪器ROA最高，达38. 67%，且境外前三位数字经济上市公司ROA差距相对不大，ROA保持在30%以上。

四、净资产收益率（ROE）对比

按照2022年境内外数字经济上市公司净资产收益率（ROE）从高到低排序，ROE情况如表5－8所示。

表5－8　2022年境内外数字经济上市公司净资产收益率（ROE）对比

境内公司			境外公司		
证券代码	证券简称	ROE（%）	证券代码	证券简称	ROE（%）
600438. SH	通威股份	52. 34	AAPL. O	苹果（APPLE）	175. 46
PDD. O	拼多多	32. 70	QCOM. O	高通（QUALCOMM）	92. 52
601012. SH	隆基绿能	27. 03	TXN. O	德州仪器（TEXAS INSTRUMENTS）	62. 69
300750. SZ	宁德时代	24. 68	ASML. O	阿斯麦（ASML）	59. 35
0700. HK	腾讯控股	24. 64	AMAT. O	应用材料（APPLIED MATERIAL）	53. 39
300124. SZ	汇川技术	24. 20	AVGO. O	博通（BROADCOM）	48. 20
002475. SZ	立讯精密	22. 73	MSFT. O	微软（MICROSOFT）	47. 15
9999. HK	网易－S	20. 33	ACN. N	埃森哲（ACCENTURE）	33. 04
002415. SZ	海康威视	19. 47	ADBE. O	奥多比（ADOBE）	32. 97
600406. SH	国电南瑞	16. 02	CSCO. O	思科（CISCO）	29. 15
000063. SZ	中兴通讯	14. 68	VZ. N	威瑞森电信（VERIZON）	24. 58
002371. SZ	北方华创	12. 84	NFLX. O	奈飞（NETFLIX）	24. 53
600941. SH	中国移动	10. 31	GOOG. O	谷歌（ALPHABET）－C	23. 62
688981. SH	中芯国际	10. 00	META. O	脸书（META PLATFORMS）	18. 52
9988. HK	阿里巴巴－SW	7. 44	NVDA. O	英伟达（NVIDIA）	17. 93
688041. SH	海光信息	7. 16	INTC. O	英特尔（INTEL）	8. 14
601728. SH	中国电信	6. 41	IBM. N	IBM	8. 03
000725. SZ	京东方A	5. 41	NOW. N	SERVICENOW	7. 45
9618. HK	京东集团－SW	4. 91	SAP. N	思爱普（SAP）	5. 78
600050. SH	中国联通	4. 81	AMD. O	超威半导体（AMD）	4. 24
9888. HK	百度集团－SW	3. 48	TMUS. O	T－MOBILE US	3. 73
1810. HK	小米集团－W	1. 76	CRM. N	赛富时（SALESFORCE）	0. 36

续表

境内公司			境外公司		
证券代码	证券简称	ROE（%）	证券代码	证券简称	ROE（%）
TCOM. O	携程网	1. 26	AMZN. O	亚马逊（AMAZON）	-1. 92
3690. HK	美团-W	-5. 26	T. N	美国电话电报（AT&T）	-6. 46
1024. HK	快手-W	-32. 24	ORCL. N	甲骨文（ORACLE）	

根据表5-8，境外数字经济上市公司ROE水平整体高于境内公司。境内外净资产收益率（ROE）排名前五的数字经济上市公司主要集中在半导体产品、互联网零售、互联网软件与服务行业。境内数字经济上市公司中，通威股份ROE最高52. 34%；境外数字经济上市公司中，苹果ROE最高175. 46%。

五、人均营收对比

按照2022年境内外数字经济上市公司人均营收从高到低排序，人均营收情况如表5-9所示。

表5-9　2022年境内外数字经济上市公司人均营收对比

证券代码	证券简称	人均营收（元）	证券代码	证券简称	人均营收（美元）
PDD. O	拼多多	10049075. 51	NFLX. O	奈飞（NETFLIX）	2469964. 84
1810. HK	小米集团-W	8605353. 41	AAPL. O	苹果（APPLE）	2404439. 02
0700. HK	腾讯控股	5114094. 95	AVGO. O	博通（BROADCOM）	1660150. 00
600406. SH	国电南瑞	4467133. 73	GOOG. O	谷歌（ALPHABET）-C	1486779. 44
1024. HK	快手-W	3702234. 39	META. O	脸书（META PLATFORMS）	1348361. 51
688041. SH	海光信息	3611886. 32	NVDA. O	英伟达（NVIDIA）	1200284. 79
9988. HK	阿里巴巴-SW	3561608. 51	VZ. N	威瑞森电信（VERIZON）	1168531. 17
600438. SH	通威股份	3455682. 97	TMUS. O	T-MOBILE US	1120718. 31
9999. HK	网易-S	3009475. 08	AMD. O	超威半导体（AMD）	944040. 00
9888. HK	百度集团-SW	2994552. 06	MSFT. O	微软（MICROSOFT）	897149. 32
300750. SZ	宁德时代	2763291. 01	QCOM. O	高通（QUALCOMM）	866666. 67

续表

证券代码	证券简称	人均营收（元）	证券代码	证券简称	人均营收（美元）
3690. HK	美团 - W	2393903. 15	AMAT. O	应用材料（APPLIED MATERIAL）	781363. 64
9618. HK	京东集团 - SW	2321466. 05	ASML. O	阿斯麦（ASML）	704856. 91
688981. SH	中芯国际	2290396. 60	CSCO. O	思科（CISCO）	618931. 57
601012. SH	隆基绿能	2128646. 58	TXN. O	德州仪器（TEXAS INSTRUMENTS）	606909. 09
600941. SH	中国移动	2079572. 13	ADBE. O	奥多比（ADOBE）	602140. 98
000725. SZ	京东方 A	2019557. 08	T. N	美国电话电报（AT&T）	594783. 25
601728. SH	中国电信	1692183. 86	INTC. O	英特尔（INTEL）	478043. 97
000063. SZ	中兴通讯	1643533. 95	CRM. N	赛富时（SALESFORCE）	426320. 01
002371. SZ	北方华创	1467783. 75	NOW. N	SERVICENOW	354573. 48
600050. SH	中国联通	1451665. 71	AMZN. O	亚马逊（AMAZON）	333538. 61
002415. SZ	海康威视	1426915. 13	SAP. N	思爱普（SAP）	306311. 43
300124. SZ	汇川技术	1135876. 40	IBM. N	IBM	214569. 30
002475. SZ	立讯精密	903332. 58	ACN. N	埃森哲（ACCENTURE）	83461. 12
TCOM. O	携程网	622290. 54	ORCL. N	甲骨文（ORACLE）	

根据表 5 -9，境内外人均营收排名前五的数字经济上市公司主要集中在互联网零售、互联网软件与服务、电脑硬件行业。境内数字经济上市公司中，拼多多人均营收最高，为 1004. 91 万元；境外数字经济上市公司中，奈飞人均营收最高，为 246. 70 万美元。

六、研发支出对比

按照 2022 年境内外数字经济上市公司研发支出从高到低排序，研发支出情况如表 5 -10 所示。

表 5－10　2022 年境内外数字经济上市公司研发支出对比

境内公司			境外公司		
证券代码	证券简称	研发支出（亿元）	证券代码	证券简称	研发支出（亿美元）
9888. HK	百度集团－SW	229. 44	AMZN. O	亚马逊（AMAZON）	732. 13
600941. SH	中国移动	217. 49	GOOG. O	谷歌（ALPHABET）－C	395. 00
000063. SZ	中兴通讯	216. 02	META. O	脸书（META PLATFORMS）	353. 38
3690. HK	美团－W	204. 10	AAPL. O	苹果（APPLE）	262. 51
9618. HK	京东集团－SW	166. 24	MSFT. O	微软（MICROSOFT）	245. 12
1810. HK	小米集团－W	157. 73	INTC. O	英特尔（INTEL）	175. 28
300750. SZ	宁德时代	155. 10	ORCL. N	甲骨文（ORACLE）	90. 94
9999. HK	网易－S	148. 00	QCOM. O	高通（QUALCOMM）	81. 94
1024. HK	快手－W	135. 65	NVDA. O	英伟达（NVIDIA）	73. 39
601728. SH	中国电信	133. 84	CSCO. O	思科（CISCO）	67. 74
000725. SZ	京东方 A	126. 02	SAP. N	思爱普（SAP）	65. 72
600050. SH	中国联通	108. 91	IBM. N	IBM	65. 67
PDD. O	拼多多	102. 20	CRM. N	赛富时（SALESFORCE）	50. 55
002415. SZ	海康威视	98. 14	AMD. O	超威半导体（AMD）	50. 05
002475. SZ	立讯精密	84. 47	AVGO. O	博通（BROADCOM）	49. 19
TCOM. O	携程网	82. 08	ASML. O	阿斯麦（ASML）	34. 68
601012. SH	隆基绿能	71. 41	ADBE. O	奥多比（ADOBE）	29. 87
688981. SH	中芯国际	49. 53	AMAT. O	应用材料（APPLIED MATERIAL）	27. 71
600438. SH	通威股份	44. 01	NFLX. O	奈飞（NETFLIX）	27. 11
002371. SZ	北方华创	35. 66	NOW. N	SERVICENOW	17. 68
600406. SH	国电南瑞	31. 25	TXN. O	德州仪器（TEXAS INSTRUMENTS）	16. 70
300124. SZ	汇川技术	22. 29	T. N	美国电话电报（AT&T）	12. 36
688041. SH	海光信息	20. 67	ACN. N	埃森哲（ACCENTURE）	11. 23
0700. HK	腾讯控股		TMUS. O	T－MOBILE US	
9988. HK	阿里巴巴－SW		VZ. N	威瑞森电信（VERIZON）	

根据表 5－10，境外数字经济上市公司研发支出水平整体高于境内公司。境内外研发支出排名前五的数字经济上市公司主要集中在互联网零售、

互联网软件与服务、电脑硬件行业。境内数字经济上市公司中，百度集团研发支出最高，为229.44亿元；境外数字经济上市公司中，亚马逊研发支出最高，为732.13亿美元。

第三节　境内外数字经济核心领域上市公司对比总结

通过上述分析，可以看出境内外数字经济上市公司在相关方面仍存在明显差异。经营方面，境内企业营收增速相对较高，但平均营收规模及平均净利润低于境外，表明境内企业具有良好的成长性特征，另外，也反映出境内企业成立时间相对较晚，仍需要长期持续发展。研发方面，境外数字经济上市公司的投入力度明显高于境内，表明其在发展过程中更加重视长期的技术研发积累。总体来看，境内上市公司呈现出发展质量不高、科技研发重视程度不够等问题。

在百年未有之大变局的时代背景下，实现我国数字经济上市公司高质量发展需要关注以下方面：一是要在政策方面支持培育具有核心竞争力的数字经济龙头企业，鼓励创新，不断提升企业综合竞争力；二是要注重企业经营质量的提升，不断提高人均效能，加强企业内部治理，确立降本增效的发展目标；三是要不断增强企业管理层的创新意识，不断加大在前沿科技领域的投入力度，并联合高校、科研机构等多方资源优势，形成产学研用的科技创新生态体系。

第六章　数字化转型篇

第一节　转型中的关键

2022 年，中国上市公司协会（以下简称协会）围绕上市公司数字化转型开展了案例征集和走进上市公司等活动。通过对参加活动的上市公司转型方案中反馈的问题和建议分析，上市公司数字化转型中面临的最大问题是人的问题，约占 90%，其次是组织建设和认同问题，约占 70%。具体情况如图 6－1 和表 6－1 所示。

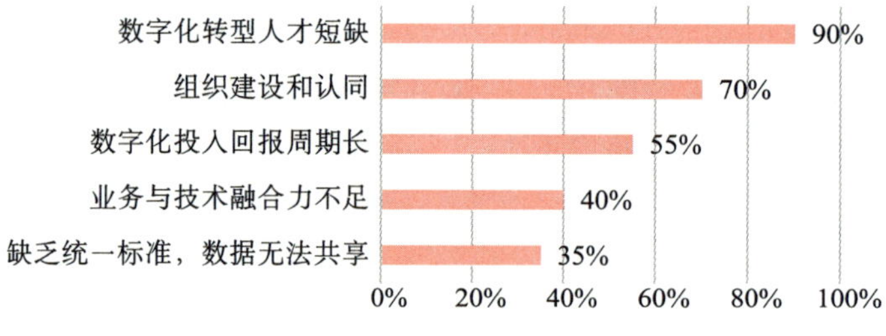

图 6－1　推进数字化转型中面临的核心问题

参加案例申报的上市公司对协会协助企业数字化转型工作提出的主要建议包括：整合资源进行人才培养相关的建议约占 55%，政府政策支持与标准制定相关的建议约占 46%，打造“数字化”企业文化助力企业“数字化转型”相关的建议约占 42%，组织标杆学习和交流相关的建议约占 30%，加大宣传推动数字化转型相关的建议约占 20%，通过数字化转型助

表 6－1　核心问题关键词及重点

核心问题关键词	核心问题具体描述内容重点提取
数字化转型人才短缺	➢具备创新思维又兼备实践能力的复合型人才紧缺； ➢缺乏既懂业务又懂数字化技术的数字化人才； ➢数字化转型缺乏既懂管理又懂技术的复合型人才支撑； ➢复合型人才极为欠缺，培养周期长，难度大，外部招聘又难以准确定义； ➢缺少在金融和**科技**领域的交叉型人才，难以支持高速发展的数字化服务建设； ➢缺乏数字化转型领导者，缺乏精通业务的数字化人才，更缺乏懂客户、懂业务的市场化营销数字化人才； ➢岗位人员素质与智能化深度应用所需的认知、技能、行为习惯还存在较大的差距。
组织建设和认同	➢企业各部门领导对转型的认同水平和数字化认知能力参差不齐； ➢人员数字化转型认知待提升； ➢在数字化转型的过程中，往往停留在引入信息系统上，没有真正上升到战略层面； ➢数字化转型配套机制不健全，数字化引领乏力； ➢缺乏数字化思维，无法提出针对性需求； ➢数字思维和能力存在差距； ➢缺乏数字化转型战略和顶层设计。
数字化投入回报周期长	➢研发投入高、回报周期长； ➢资金压力带来数字化转型决策困难； ➢数字化投入过高，但是项目的投资往往没有达到预期； ➢数字化转型是一项系统工程，不仅需要加大研发投入、人才储备，还要全面升级各生产环节基础设施； ➢企业持续投入面临较长的回报周期，阻碍了企业转型升级的步伐。
业务与技术融合力不足	➢科技与业务融合不深、场景建设共享不够； ➢业务科技融合的数字化转型还不够全面、原创性不足； ➢单一地靠信息部门来推动数字化，难以实现数字技术与经营的融合； ➢数字化转型与实际业务脱节； ➢如何将业务和技术更高效地融合是当前数字化转型发展中必须思考的一个问题。
缺乏统一标准，数据无法共享	➢没有充分考虑关联系统和配套措施，资源难以共享，形成大量信息孤岛； ➢数据重复且孤立，质量低，无法统一统计分析； ➢存在数据壁垒，业务数据难以交互共享； ➢存在数据安全隐患，数据缺少标准化； ➢数据质量不高，数据标准执行和数据清理工作量繁重的困难。

力企业可持续发展相关的建议约占10%。具体情况如图6－2和表6－2所示。

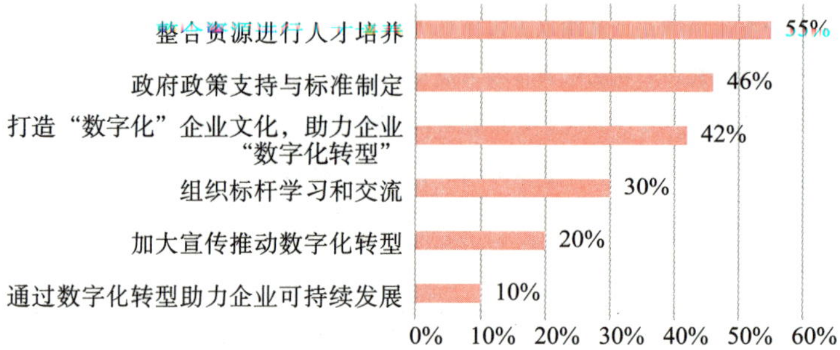

图6－2　对协会协助企业数字化转型工作提出的主要建议

表6－2　主要建议关键词及重点提取

主要建议关键词	主要建议具体描述内容重点提取
整合资源进行人才培养	➢通过多渠道培养、多方争取资源、外部合作等方式来提升企业的高端数字化人才队伍水平； ➢加强对员工的培训，增强其熟悉信息技术的能力； ➢完善创新人才引进制度，健全引进人才服务机制和配套措施； ➢完善数字化人才培养体系，培育既懂业务又懂数据的数字化人才队伍； ➢联合高校、研究院所等科研机构开展数字化转型方面的专业培训； ➢企业与相关高校成立联合科研项目组； ➢从企业内部培养复合型人才，同时社会重视各项领域复合型人才的培育。
政府政策支持与标准制定	➢政府及相关行业协会加大对供应链企业数字化转型的政策支持力度，给予相关的指导与支持； ➢完善政策保障，健全标准体系； ➢加强相关法律法规、金融政策的专业指导； ➢政府和行业协会加快出台数字化转型相关激励政策和行业促进机制，鼓励企业开展数字化转型； ➢行业主管单位建立数字化转型管理与监督的长效机制，指导企业数字化转型方向； ➢建立健全数据安全标准，构建数据安全保障体系。

续表

主要建议关键词	主要建议具体描述内容重点提取
打造“数字化”企业文化，助力企业“数字化转型”	➢建立“数字化”的企业文化有力支撑项目的推进； ➢鼓励组织架构和体制机制创新，构建与数字化转型相适应的组织架构和体制机制； ➢建立数字化转型的良好文化氛围，增强员工的数字化素养和创新能力； ➢通过领导力和文化建设来促进企业的智能化和数字化转型； ➢赋予企业文化新的数字化内涵，向各业务部门人员传达统一的数字化转型认知； ➢推动数字化文化的建设，使得员工和企业更容易适应数字化转型； ➢杜绝“经验主义”，以“数据”作为衡量决策及结果的唯一标准。
组织标杆学习和交流	➢打造数字化转型标杆，带动全行业的数字化转型； ➢参观对标交流，通过学习别人的案例，了解前沿技术的储备和应用情况； ➢打造示范项目，发挥示范引领效应； ➢开展数字化业务相关的培训及组织相关人员到业内标杆企业学习、取经； ➢学习和借鉴其他行业数字化转型经验。
加大宣传推动数字化转型	➢加强宣传，突出该项技术的商业价值及社会意义； ➢强化项目推广宣贯，将转型成果逐步推广至全国； ➢加大上市公司数字经济领域成果的交流与合作； ➢加强数字化转型的宣导与协调，结合业务部门经典案例，打造公司及行业标杆助力业务落地经验，增强数字化运营模式的认同感。
通过数字化转型助力企业可持续发展	➢寻求合适的数字化转型融资途径和资源支持，确保数字化转型的可持续发展； ➢构建智能化的管理系统，使组织的管理工作变得更加高效、智能化，从而更好地满足客户需求，实现企业可持续发展； ➢强化内部团队能力以促进企业可持续性发展； ➢理解数字化转型是企业可持续发展的必经路径，企业从环境、社会和公司治理等角度为其利益相关者创造更广泛的价值。

以上内容和数据分析进一步表明，上市公司数字化转型的目标是使用技术不断发展和重塑企业能力，以创造更大价值。转型是一场重大变革，其中技术并不是最具挑战性的因素，更具挑战性的是文化的变革。数智化转型的难点不只在于引入数智技术，更在于如何让自身复杂的业务场景与数智技术真正融合，在于如何构建变革的领导力，改变企业的组织、流程与广大员工的意识和行为。数智化转型的最终状态不仅是更多的流程和业务的数字化，更是思考和行为方式的转变，即学习如何倾听和响应，以及

持续改进。

数智化文化是数智化转型的“土壤”，没有数智化文化，就不能算是真正的数智化转型。数智化转型不只是组织的技术转型，更是企业文化重塑的过程。数智化转型中，人的因素最为关键，最终体现在思维和文化的变革。如果传统企业的文化不做改变，数智化转型会被原有惯性拉回既定的轨道。只有对企业底层的企业文化进行变革，营造良好的数智化转型氛围，才能使组织从根本上实现数智化转型。

一、“数智文化”建设意义重大

“数智文化”是指在数智化转型过程中所创造出的精神财富和物质形态。它包括使命愿景、价值理念、思维方式、转型方法论、转型制度、文化环境、应用场景和传播推广等。从企业层面，“数智文化”也可理解为数智时代的企业文化。

“数智文化”建设可以更好地发挥思想引领和文化供给的作用，给数智化转型过程中的困难和挑战的应对提供新视角和新路径。企业在数智化转型中，还需要找到企业文化中的核心力量来创造变革的动力。数智化转型的推动力不仅来自竞争淘汰的威胁，更是来自对客户的同理心、追求第一的雄心、追求卓越的抱负和追求更高目标的承诺。

“数智文化”是实现企业数智化转型的重要保障。只有建立起数智化文化，员工的思维才能得到解放，才能够克服心理上的惰性，从而推进变革顺利实施。如果忽视数字化文化建设，组织文化过于顽固、保守，员工不愿意进行重大变革，新的工作方式、工作流程就难以被采用，数字化转型便会遇到阻碍，面临转型失败的风险。

“数智文化”可以为企业数字化转型提供思考方式、行为准则，引导全体员工采取恰当的行动。通过培育数字化文化，加强员工对数字化的理解，引导员工转变传统思维模式，让数字化转型深入人心。具体而言，数智文化在企业中树立了数据驱动的理念，并通过培养员工的数据素养、促进创新和实验、推动数据共享与协作以及提升学习和适应能力，成为企业数智化转型的核心动力。这种文化的建立和发展将有助于企业提高决策的准确性、效率和创新能力，从而在竞争激烈的市场中取得优势。“数智文化”能够带动组织全员参与，促进跨部门协作，培养数据素养和技能，推动创新和实验，以及建立数据驱动的决策文化。帮助企业从上而下借助数智化思维或工具来改变经营管理状况和推动创新发展，并建立企业各部门一致认同的数智化转型的话语体系和方法论，各部门才能更好地结合企业的战略目标、数智化现状、业务痛点，分阶段进行资源配置，聚焦痛点，循序渐进推进项目。这些方面相互支持、相互促进，共同构建了一个有利于企业数智化转型的环境和氛围。

二、“数智文化”建设的路径

（一）坚持思想引领和文化供给，不断激发内在动力

党的十八大以来，党中央高度重视发展数字经济，将其上升为国家战略，从国家层面部署推动数字经济发展；2023 年政府工作报告强调大力发展数字经济。以数据为关键要素的数字经济迅猛发展，正成为重组要素资源、重塑经济结构、重构竞争格局的关键力量；正成为推动经济发展的质量提升、效率变革、动力升级的重要驱动力。

上市公司要彰显新时代使命担当，深刻认识和把握当前面临的新形势、新挑战，承担数字经济发展的更大社会责任，通过“数智文化”建设的积极推动，坚持思想引领和文化供给不断激发企业内在动力，开创数智化转型升级的新模式、新路径。

数智时代的领导者需要具备凝聚人心、激发团队斗志的能力，不仅自己能预见未来，更要能帮助他人看见未来，向他人展示激动人心的愿景，引领大家克服未料之事，鼓舞大家向着更美好的现实前进。“数智文化”建设还要善用演讲和故事来传播思想凝聚点燃团队，推动众人前行。

在数智化转型中，塑造数智文化是企业家的第一要务，企业家是“数智文化”的第一推动力。尤其是对于传统企业，如果要改造企业文化，一把手就必须亲力亲为、大力推动。

（二）实现“数智文化”建设与 ESG 治理的协同发展

“数智文化”建设与 ESG 的协同发展对上市公司的战略价值和影响意义重大。一方面，可以帮助上市公司适应快速变化的市场环境，提升核心竞争力，实现业务创新和增长；另一方面，可以帮助上市公司树立良好的社会形象，赢得各方信任和支持，实现可持续发展和长远利益。

上市公司要贯彻可持续发展理念，将“数智文化”建设与 ESG 治理的协同发展作为高质量发展的重要抓手，将其融入公司的愿景、使命、目标和文化中，形成一致的指导方针和行动计划。

上市公司要将“数智文化”建设与 ESG 的协同发展的价值理念、思维方式和机制根植于企业战略全局。引领数智化转型升级的战略定位从短期的、局部的提升业务运行规范性和效率的工具和手段，转向长期的、全局性的企业核心竞争力构建、企业价值创造和提升的核心和保障；引领数智化转型的价值关注点从提质、降本、增效向数智化转型驱动的商业变革，场景化、个性化的用户体验和客户交付价值提升转变；引领数智化转型的业务场景从企业内部局部、单元级业务场景逐步扩展到全领域、全价值链、全产业链级。

上市公司要切实发挥牵引作用，构建数智产业生态，通过价值网络、价值生态的共建、共创和共享，带动产业链上下游、关联产业、全社会的可持续发展，实现“数智文化”建设和 ESG 治理水平与效能提高齐头并进。

（三）发挥标杆效应，通过借鉴成功案例推动数智化转型

标杆效应在数智化转型中具有重要推动作用，通过标杆企业在数智化转型方面取得的成功经验和价值成果，去带动整个行业的数智化转型和升级。

首先，借鉴成功的标杆案例可以为企业提供实践经验，企业可以通过学习和借鉴，避免在数智化转型过程中遇到的问题，并快速实现数智化转型，减少摸索过程，提高数智化转型的效率。

其次，标杆案例可以激发企业的数智化转型意识，当企业看到同行业中的其他企业通过数智化转型取得了成功，并且在市场竞争中占据了优势

时，他们就会认识到数智化转型的重要性，更加积极地推进数智化转型。

此外，标杆案例可以提高企业的数智化转型水平，帮助企业更好地适应数字经济时代的发展趋势，了解到数智化转型的最新技术和趋势，进而升级和优化自身数智化技术和体系，提高数智化转型的水平和能力。

因此，学习借鉴标杆案例的实践经验非常值得鼓励和推广，通过研究标杆企业的成功经验，了解标杆企业在数智化转型过程中的战略部署、理念思维宣导、组织架构调整、技术应用、人才培养等方面的做法，分析其成功的原因，为自身企业的数智化转型提供参考。企业需要将借鉴到的成功经验与自身的实际情况相结合，根据自己的特点和需求进行改进。在借鉴标杆企业的经验的同时，企业还应保持创新思维，勇于尝试新的技术和方法。

跨领域跨行业学习借鉴也非常必要，总有某些领域某些行业的某些场景，因为市场竞争或处在风口等，总是处在时代前沿，一些新颖的、先进的、能够提高成效的数智化转型方法已经成功实施了很久。而对于传统保守领域行业的企业来说，如果想要在数智化转型上取得创新和突破，最简单、最有效的方法就是对标其他跨行业头部企业，进行跨行业学习。

（四）构建“数智文化”建设岗位人才的胜任力模型

构建“数智文化”建设岗位人才的胜任力模型，有助于此岗位人才的招聘选拔，最重要的作用就在于人才培养和发展，在胜任力模型建立后，可以系统地开发培训课程体系。通过对现有任职人员的胜任能力评估，可以发现每一个个体的能力优势和弱项，从而找到组织整体的能力短板，然后有针对性地制订能力培养发展计划，以各种培养手段提高个体乃至组织整体的专业能力。

“数智文化”建设岗位人才应当具备的四大思维和三大能力包括：

1. 数据决策思维：数据决策思维就是通过数据改变传统经验驱动的思维模式，用数据思考、用数据说话、用数据管理、用数据决策，用数据挖掘和分析的手段提升业务能力，从而促进科学决策的企业文化，是现代管理科学与数智化实践的产物。

2. 用户价值思维：数智化转型使我们重新思考业务：可以为用户提供

哪些价值，以及如何利用数智技术提供这些价值。数智化转型中较为成功的企业，无一不在强调用户价值，以用户为中心。用新技术重新为用户提供价值，用技术重构业务，使得业务和技术完全融合。

3. 敏捷迭代思维：数智化转型是一个学习自己的经验教训，建立自己的文化和改进自己的组织的过程，是一个学习和进化的旅程。数智化时代的最大的特点就是外界环境快速变化。敏捷迭代思维要求员工乐于拥抱变化、勇于探索、适应变革、敏捷灵活，能够快速决策、执行和迭代，以适应变化。

4. 开放创新思维：开放式创新思维是指一种与传统的封闭式创新思维相反的创新思维方式，它强调企业应该利用内部和外部的知识、资源和渠道，与各种创新主体进行合作共创，实现创新的价值最大化。开放式创新思维有以下几个特点：跨界性、协作性、平台性、试验性。

5. 愿景传递能力：愿景传递是一种领导力，能够帮助人才在变化的环境中保持方向感和目标感，也能够激发团队的热情和动力，让他们相信自己的工作有意义和价值。愿景传递需要人才有清晰的思维、良好的沟通、感染力和影响力，能够用故事、数据、情感等方式来展示未来的可能性和吸引力。

6. 共创引导能力：共创引导是一种协作力，能够帮助人才在多元化的团队中发挥各自的优势，也能够促进团队之间的信任、理解和共识，让他们能够有效地解决问题和创造价值。共创引导需要人才有开放的心态、灵活的方法、专业的技巧和积极的态度，能够用设计思维、头脑风暴、开放空间等方式来激发创造力、整合观点、达成决策。

7. 创新传播能力：创新传播是一种影响力，能够帮助人才在竞争激烈的市场中脱颖而出，也能够吸引和留住更多的用户、粉丝和社群，让他们成为产品或服务的忠实拥护者和推广者。创新传播需要人才有独特的视角、有趣的内容、有效的渠道和持续的互动，能够用信念、故事、情感等方式来打动人心、形成认同、建立关系。

（五）打造“数智文化”人才培养体系和合作交流机制

中国上市公司协会作为促进上市公司治理、推动建立良好的公司文化、竭诚打造上市公司高端服务平台的全国性社会组织，勇担数字经济时代所赋予的新使命，积极响应和引导会员企业“数智文化”建设的发展诉求，拓展协会开展的数字化转型案例征集活动成果，鼓励“数智文化”建设先行先试的标杆企业，进一步组织相关专家梳理提炼标杆企业“数智文化”建设的有效做法和实践经验，并以此工作为基础，后期按照“协会引导，面向产业，服务企业，资源共享”的原则，打造“数智文化”人才培养体系和合作交流机制。

人才培养体系：通过多渠道培养、多方争取资源、外部合作等方式来提升上市公司的高端数智化人才队伍水平；加强对员工的培训，增强其熟悉数智化技术的能力；完善创新人才引进制度，健全引进人才服务机制和配套措施；完善数智化人才培养体系，培育既懂业务又懂数据的数智化人才队伍；联合高校、研究院所等科研机构开展数智化转型方面的专业培训；企业与相关高校成立联合科研项目组；从企业内部培养复合型人才，同时社会重视各项领域复合型人才的培育。

交流合作机制：通过参观、考察、交流等方式，学习其他企业在数智化转型方面的先进做法和经验；通过组织专家讲座、研讨会、论坛等活动，邀请数智化转型领域的专家和企业代表分享知识和经验；通过建立数智化转型联盟、社群、平台等形式，与其他企业进行合作和互动，共享资源和信息；通过参与数智化转型相关的评选、评价、认证等活动，提升企业的数智化转型水平和影响力。

虽然目前“数智文化”建设仍处于起步阶段，但只要我们引起重视并加大研究，不断探索和积极创新，就会有广阔的发展空间。“数智文化”也将更好地发挥出对数智化转型的思想引领和文化供给作用，赋能上市公司的高质量可持续发展，为数字经济建设贡献力量。

第二节　转型中的技术

经济是技术的一种表达，技术创造了我们的财富，成就了经济的繁荣，改变了我们存在的方式[①]。2022 年，生成式人工智能、数字孪生、Web3.0、云原生、边缘计算、区块链、物联网、虚拟和增强现实作为全球关注度较高的前沿技术，全新的核心技术堆栈、新的平台、新的基础设施、新的算力体系、新的通信体系以及新的产品开发体系，推动数字经济发展，未来有望成为赋能实体经济的重要推动力，促进我国现代化产业体系加快构建。

一、上市公司数字技术的应用

2022 年，协会围绕上市公司数字化转型开展了调研、案例征集和走进上市公司等活动。从参加活动的上市公司转型方案中了解到，新一代信息技术在转型中发挥了重要的推动作用，在降低信息系统建设和运营成本的同时，在业务场景、经营管理、战略决策、商业模式等方面实现了数字化、智能化。应用较多的技术包括：

1. 云计算：上市公司可以利用云计算技术来降低 IT 成本、提高灵活性和可扩展性。这包括基础设施即服务（IaaS）、平台即服务（PaaS）和软件即服务（SaaS）等模式。

2. 人工智能和机器学习：上市公司可以使用人工智能和机器学习技术来自动化业务流程、优化运营和改进客户体验。这些技术可以通过自动化处理任务、提高精度和加速决策来提高效率。

3. 区块链技术：上市公司可以利用区块链技术来提高交易透明度、降低成本和减少风险。这包括智能合约、数字身份验证和供应链跟踪等应用。

4. 互联网金融：上市公司可以通过互联网金融解决方案来提供更便利、更快捷的金融服务。这包括移动支付、数字货币和在线借贷等服务。

5. 数字化营销：上市公司可以利用数字化营销解决方案来拓展市场、提高品牌知名度和改善客户体验。这包括搜索引擎优化、社交媒体营销和内容营销等。

6. 物联网：上市公司可以利用物联网技术来连接设备、传感器和其他

① 出自《技术的本质：技术是什么，它是如何进化的》。

物体，以实现实时监测和数据采集。这可以帮助企业更好地了解产品和服务的使用情况，从而提高效率和减少成本。

7. 虚拟和增强现实：上市公司可以利用虚拟和增强现实技术来改善客户体验、提高效率和降低成本。例如，虚拟展示和演示可以使客户更好地了解产品和服务，而虚拟培训和模拟可以提高员工培训效果。

8. 数字化供应链：上市公司可以利用数字化供应链解决方案来提高供应链透明度、降低成本和提高交付效率。这包括物流追踪、供应商协作和库存管理等方面。

9. 电子商务：上市公司可以通过电子商务解决方案来开拓新市场、提高销售额和改善客户体验。这包括在线购物、移动支付和虚拟购物体验等。

10. 自动化流程：上市公司可以利用自动化流程解决方案来自动化重复性的、耗时的任务，从而提高效率和减少人力成本。这包括自动化数据输入、自动化审批和自动化客户服务等。

11. 人力资源数字化：上市公司可以利用人力资源数字化解决方案来优化招聘、培训和绩效管理等人力资源管理流程。这包括在线招聘、在线培训和自动化绩效评估等。

12. 数字化风险管理：上市公司可以利用数字化风险管理解决方案来识别、评估和应对风险。这包括风险评估、风险监控和风险应对等。

13. 数字化财务管理：上市公司可以利用数字化财务管理解决方案来提高财务管理效率和准确性。这包括自动化会计处理、电子化发票和在线报表等。

14. 企业级应用：上市公司可以利用企业级应用解决方案来优化业务流程、提高生产效率和改善客户体验。这包括 ERP、CRM 和 SCM 等应用程序。

15. 移动应用程序：上市公司可以利用移动应用程序解决方案来扩大品牌影响力、提高销售额和改善客户体验。这包括移动应用程序、移动支付和移动客户服务等。

16. 大数据分析：上市公司可以利用大数据分析来收集、处理和分析大规模数据，从而发现趋势、优化流程和提高效率。这包括数据仓库、数据挖掘和数据可视化等工具和技术。

二、2022 年的技术热点

2022 年，生成式人工智能、数字孪生、Web3.0、云原生、边缘计算作为全球关注度较高的前沿技术，持续推动数字经济发展，未来有望成为赋能实体经济的重要推动力，促进我国现代化产业体系加快构建。生成式人工智能利用人工智能技术自动生成内容，是数字经济时代下的一种新型内容生成方式，大幅降低数字内容的生产成本，极大丰富人们的数字生活，其核心技术体现在生成算法、预训练模型和多模态三个方面。数字孪生实现在虚拟空间对物理实体的克隆，并反映物理实体的全生命周期过程，现已成为助力企业数字化转型、促进数字经济发展的重要抓手，数字孪生的关键技术包括建模与仿真、虚拟现实、物联网、云边协同计算。Web3.0 是以分布式技术重新解决互联网数据权属和价值表达的重要创新，让互联网更加去中心化、更加安全，使得用户更加自主地管理数据并在互联网内容创造中获得价值，Web3.0 技术关键在于四层建设架构与五大开发核心要素。云原生作为下一代云计算的技术“内核”，将大幅提升用云效能，使其成为业务创新发展的重要驱动力，数字化浪潮下，发展有望迈入新阶段，云原生底层技术主要涉及云原生服务器、云原生存储、云原生网络及容器技术。边缘计算指在靠近物或数据源的一侧，采用网络、计算、存储、应用等核心能力于一体的开放平台，提供最近端服务，产生更快的网络服务响应，满足在实时、智能、安全与隐私保护等方面的基本需求，边缘计算的方案落地一定程度上依赖 5G、物联网的技术发展。

（一）生成式人工智能

当前，数字世界和物理世界加速融合，生成式人工智能（Artificial Intelligence Generated Content，AIGC）正在悄然引导着一场深刻变革，重塑甚至颠覆数字内容的生产方式和消费模式，极大丰富人们的数字生活，是未来全面迈向数字文明新时代不可或缺的支撑力量。AIGC 是利用人工智能技术自动生成内容，是继专业生成内容和用户生成内容之后的一种新型内容生成方式。AIGC 能大幅降低数字内容的生产成本，打破人类想象力和知识水平限制，满足数字经济时代与日俱增的数字内容供给需求。

生成式人工智能的蓬勃发展离不开核心技术的重大突破，其主要体现在生成算法、预训练模型和多模态三个方面：

1. 生成算法模型作为底层基础不断突破创新。Transformer 模型是一种采用自注意力机制的深度学习模型，该机制可以按照输入数据各部分重要性的不同而分配不同的权重，可用在自然语言处理、计算机视觉等领域。基于 Transformer 模型所建立的其他模型还有 BERT、GPT－3、LaMDA 等。扩散模型（Diffusion Model）是受非平衡热力学的启发，定义一个扩散步骤的马尔科夫链，逐渐向数据添加随机噪声，然后学习逆扩散过程，从噪声中构建所需的数据样本；扩散模型最初用于去除图像中的噪声，随着降噪系统时间变长且质量变好，最终可以从纯噪声作为唯一输入生成逼真的图片。目前，从最优化模型性能的角度出发，扩散模型相对 GAN 而言模型架构更为灵活且具备更精确的对数似然计算，已经取代 GAN 成为最先进的图像生成器。

2. 预训练模型引发生成式人工智能技术能力质变。预训练模型又称为大模型、基础模型，是基于大量数据训练的、拥有巨量参数的模型，可以适应广泛的下游任务。预训练模型基于迁移学习的思想和深度学习的最新进展，以及大规模应用的计算机系统，展现了惊人的涌现能力，并显著提高各种下游任务的性能；在 AIGC 领域，预训练模型可以实现多任务、多语言、多方式，在各种内容的生成上扮演关键角色，典型的预训练模型包括自然语言处理（NLP）预训练模型、计算机视觉（CV）预训练模型、多模态预训练模型等。预训练模型的出现有效解决了过去各类生成模型使用门槛高、训练成本高、内容生成简单和质量偏低的弊端，引发 AIGC 技术能力的质变。

3. 多模态技术赋予生成式人工智能通用能力，推动内容创作多元化。多模态技术是指多模态表示图像、声音、语言等融合的机器学习。2021 年，OpenAI 团队的跨模态深度学习模型 CLIP，该模型能将文字和图像进行关联，同时进行自然语言理解和计算机视觉分析，实现图像和文本匹配。

互联网上大量带文本标记的图片成为CLIP模型的天然训练集，为AIGC的落地奠定基础。预训练模型得以从单一的NLP或CV模型发展到现在语言文字、图形图像、音视频等多模态、跨模态模型，多模态技术功不可没。

生成式人工智能是一种新型内容生产方式，其广泛用于内容生成领域如文本生成、音频生成、图像生成、视频生成，图像、视频、文本间跨模态生成，虚拟人生成等，其与传媒、电商、影视、娱乐、教育、金融、医疗等各领域深度融合，实现人工智能向各行业的深度渗透以及产业智能化发展。

（二）数字孪生

数字孪生起源于航天军工领域，是指将物理实体镜像映射到虚拟空间，生成一个“数字双胞胎”，在虚拟空间中的克隆体可以通过物联网实现数据实时双向互联互通，反映对应物理实体的全生命周期过程，在整合底层数据信息的基础上进行仿真预测，为优化决策赋能。根据国务院印发的《“十四五”数字经济规划》，数字孪生已成为助力企业数字化转型、促进数字经济发展的重要抓手。受益于数字经济、工业互联网发展、政策落地、技术突破、下游需求增长，当前行业步入快速增长期。

数字孪生以数据为基，建模为体，仿真为用，其中的关键技术包括建模与仿真、虚拟现实、物联网、云边协同计算等。

1. 建模与仿真是创建和运行数字孪生、保证数字孪生与对应物理实体实现有效闭环的核心技术。其分为两个步骤：一是建模，通过建立物理实体的数字化或信息化模型，对事物进行抽象的概括；二是仿真，利用模型复现实际系统中发生的本质过程，并通过对系统模型的实验来研究已存在的或设计中的系统。建模是创建数字孪生、实现数字孪生的源头和核心技术，也是“数化”阶段的核心；仿真则在拥有完整的输入信息和环境数据后就可以基本正确地反映物理世界的特性和参数。

2. 虚拟现实技术有助于为企业提供更强的数据可视化性能和效果。其将系统的制造、运行、维修状态呈现出超现实的形式，对复杂系统的各个子系统进行多领域、多尺度的状态监测和评估，将智能监测和分析结果附加到系统的各个子系统、部件中，在完美复现实体系统的同时将数字分析结果以虚拟映射的方式叠加到所创造的孪生系统中，从视觉、声觉、触觉等各个方面提供沉浸式的虚拟现实体验，实现实时且连续的人机互动。对数据呈现的强化，成为构建数字孪生系统的重要支撑。

3. 物联网是新一代信息技术的高度集成和综合运用，将有力推动传统产业升级和经济发展方式的转变。按照约定的协议，通过信息传感设备把任何物品与互联网连接起来，进行信息交换和通信，以实现智能化识别、定位、跟踪、监控和管理。物联网的核心和本质仍是互联网，但用户端同时包括人和物，实现人与物品及物品之间信息交换和通信。物联网是数字孪生的载体，数字孪生是物联网的底层逻辑，二者相互成就。

4. 云边协同计算是指云计算与边缘计算的混合使用，兼具二者的优势特点。云计算主要将大量的资源进行整合，是一种计算资源交付模型；而边缘计算是一种分布式处理和存储的体系结构，更接近数据的源头。二者整合后的边缘云平台也是一个分布式的平台，体现出边缘计算的主要特征；云边协同包含了各种协议和功能，涉及云计算的方方面面，因此云边协同的功能实现情况成了影响边缘计算的重要因素。实现不同数字孪生智慧的交换和共享的前提是单个数字孪生内部各构件的智慧是共享的，而云边协同计算则为数字孪生内部和之间进行智慧共享提供可能。

应用领域方面，数字孪生与各行业融合加深，在城市管理（智慧交通、零碳园区以及城市应急）、智慧工业（流程型工业、离散型工业）、自动驾驶测试等场景均有所体现，尤其对于工业企业而言，通过物联网及边缘计算上传相关数据后，使用数字孪生技术可以完成生产、能耗、设备、设计、制造管理等工作，进而实现提质、降本、创收、增效四大价值。

（三）Web3.0

Web3.0是以分布式技术重新解决互联网数据权属和价值表达的重要创新，可能带来互联网体系架构整体性演进和系统性升级。Web3.0通过设计新的技术协议和建设新的基础设施，让互联网更加去中心化、更加安全，让用户掌握自己的数字身份和数字资产，使得用户更加自主地管理数据并在互联网内容创造中获得价值。

Web3.0是以去信任、去中介和数字资产化为理念，以区块链为底层关键技术，以数字生产和数字消费为主要经济形态的新一代互联网，其具备以下典型特征：去中心化，Web3.0 通过构建一个以用户为主体的分布式网络生态，帮助用户脱离平台机构完成网络交互；机器信任，Web3.0 基于共识机制构建的区块链网络，借助技术背书实现全新的信用创造，再通过智能合约定义业务参与方承诺执行的协议，将物理世界无序的业务规则化，结合分布式数字身份实现对传统互联网的基本权利进行再分配，在机器之间构建信任网络；创作经济，Web3.0 通过构建平台、创作者和用户平衡协作机制，充分发挥各个利益方的作用，借助区块链激励机制和智能合约促使平台将价值和权利重新分配给创作者，极大刺激创作经济发展；数字原生，Web3.0 为内嵌价值体系自循环的数字原生创造条件，将经济活动扩展至虚拟世界，衍生出以数字藏品为代表的数字原生应用场景。

从建设架构看，Web3.0 已初步形成四层架构，即设施层、基础层、扩展层、应用层，具体如图 6 – 3 所示。

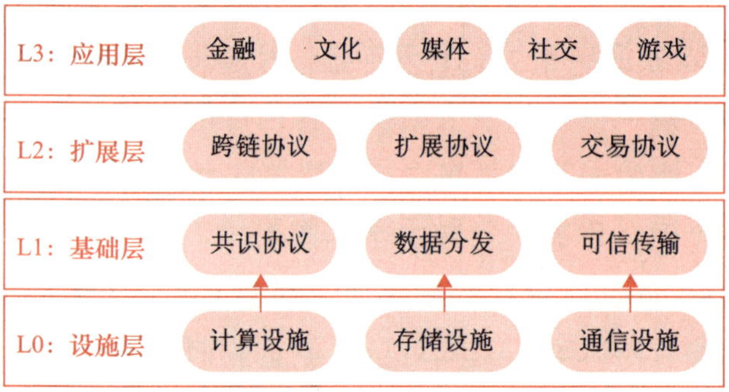

图 6 – 3　Web3.0 协议栈及关键技术

设施层适配协议栈逻辑规则，重塑计算、存储和通信形态，推动网络架构朝着安全、灵活、可扩展方向演进。设施层通常涉及计算设施、存储设施、通信设施等。

基础层构筑满足多方参与的网络信任规则，对下实现资源的灵活调度，对上提供无须信任的网络操作系统。基础层包括共识、数据分发和可信传输协议，共识协议是数据分发和可信传输协议的基础，为多方参与者提供安全可信验证机制，三者相互作用形成可信协作网络。

扩展层以提高基础层运行性能、服务范围为核心，推动互联网信任及价值体系发展。扩展层包括跨链、扩展和交易协议，通过解决共识协议规模化拓展瓶颈，扩展链下计算和存储能力，提高基础层服务范围和服务性能，并通过交易协议让更多参与者捕获价值，参与生态共建。

应用层接入以数字钱包为入口，连接包括金融、社交、媒体、游戏等不同领域，持续创新应用模式。

从开发视角看，Web3.0 分布式应用开发框架主要包括五个核心要素：基础设施、组件工具、交互界面、用户入口和部署环境。

基础设施是多个区块链系统组成的分布式底层网络。基础设施是 Web3.0 协议栈设施层和基础层的工程化实践，旨在为 Web3.0 用户提供应用接入能力及公共服务能力等，对于开发者而言主要包括智能合约以及虚拟机。

组件工具是上层应用与底层基础设施交互的桥梁。组件工具是由基础设施发展而来的工具类产品，旨在协助开发者快速构建 Web3.0 应用基础功能，从而降低部署开销并提高开发效率，主要包括节点托管类工具、数据管理类工具以及安全保障类工具。

交互界面是 Web3.0 应用的呈现方式，通过前端框架实现。交互界面是用户与 Web3.0 应用交互的可视化展示，旨在提升 Web3.0 应用交互能力，增强用户体验，对于开发者而言，交互界面开发的核心要素主要包括前端开发语言及前端库。

用户入口是进入 Web3.0 生态的起点，以互联网浏览器或应用程序形式，通过数字钱包进行身份签名认证，与 Web3.0 应用进行交互。用户入口是实现用户与 Web3.0 应用交互接口的电子设备、软件程序和在线服务等，旨在承载数字资产交易、数字身份的验证及管理，数字钱包是用户入口的主要表现形式。

部署环境是包括本地、云服务、分布式存储系统在内的代码托管和内容存储环境，用于用户入口、交互界面、组件工具的部署。部署环境是满足 Web3.0 项目开发所需的处理器、内存、硬盘、操作系统等一系列软硬件环境，旨在保障前后端框架核心要素的正常运行，主要包括本地、云服务及分布式网络的部署环境。

Web3.0应用的核心理念是由数据驱动的价值分配和价值流动。不同行业背景下的具体应用场景模式侧重点有所不同。对于工业而言，分布式认知工业互联网集成区块链、知识图谱、隐私计算等先进技术，打通数据壁垒，提供安全可靠的多方协作方式，使企业在全生命周期实现智能化生产，为工业制造业的数字化转型提供Web3.0解决方案，目前在汽车、钢铁、石化、双碳等领域已初见成效。

（四）云原生

随着全球数字化浪潮逐步加深，云计算成为当今信息化发展的重要基础设施，而云原生作为下一代云计算的技术“内核”，将大幅提升用云效能，成为业务创新发展的重要驱动力。数字经济大潮下传统行业的数字化转型成为云原生产业发展的强劲驱动力，“新基建”带来的万亿元级资本投入，也将在未来几年推动云原生产业的发展迈向新阶段。

历经发展，云原生技术生态已扩展至底层技术、编排及管理技术、安全技术、监测分析技术以及场景化应用等众多分支，初步形成支撑应用云原生化构建的全生命周期技术链。底层技术是云原生技术生态的一大核心，主要涉及：云原生服务器、云原生存储、云原生网络及容器技术。云原生服务器：兼顾性能与管理的新算力载体。云原生服务器是基于专用硬件、芯片，利用软硬融合虚拟化等技术将负载或任务转移，提升资源使用效率、用户体验和整体性能的新型服务器；其不仅具有虚拟机的灵活性和弹性，同时具备物理机的一切特性和优势，因此也具备再次虚拟化的能力，而不用担心嵌套虚拟化带来的性能开销。云原生存储：加速云存储的云原生化改造。云原生存储是云原生应用场景下的存储解决方案，在数据、控制双平面提升存储使用效率与安全性；其通过整合多种云存储形态，完整匹配Kubernetes环境下的存储声明机制，提升存储的质量、稳定性及安全等能力，以满足不同应用场景下的存储使用需求。当前主要有两种方式来构建云原生存储能力：一是对已有存储系统的对接改造，二是面向云原生场景设计全新的存储系统。云原生网络：面向用户应用场景不断演进。云原生网络的基本目标是满足云原生服务的网络端点和服务间的互通性、安全性和负载均衡要求。未来云原生网络依旧会在用户落地场景方向上深度演进。容器技术：从以 docker 为代表的通用技术逐渐向多元化发展，安全容器、Serverless 容器、裸金属容器等多种容器技术崭露头角。安全容器通过添加隔离层，给进程分配了一个独立的操作系统内核，从而避免了让容器共享宿主机的内核，进而有效解决容器进程发生“逃逸”或者夺取整个宿主机的控制权的问题。Serverless 容器可以支持进程常驻的服务形态，不限运行时长，并扩大 Serverless 的应用场景；Serverless 容器所具备的免运维的纯托管模式、以实际资源用量计费、秒级弹性伸缩响应等特点使其强于传统容器。裸金属容器则进一步提高容器负载性能和稳定性，将容器组件下沉到卸载卡后，可减少冗余功能，提高性能；同时，裸金属成为纯粹的计算资源，可以被容器实例或者虚机实例共享，为虚拟机和容器实例共节点奠定了基础，提高资源整体利用率。

云原生价值凸显，在各领域创新应用的地位不断攀升，尤其大数据和边缘计算与云原生的结合更为紧密：在大数据领域，随着数字化进程的加速，数据的存储及分析需要更强的数据管理能力及资源调度能力，云原生环境有助于提供大数据所需的存储及计算能力；在边缘计算领域，万物互联时代加速云—边协同的需求演进，云原生技术和边缘计算相结合，可以很好解决向边缘下沉过程中云边一体化协同、安全、边缘网络适配、异构资源适配等难题，加速云计算边缘化进程。另外，在工业领域，基于容器和 Kubernetes 技术的云原生平台，为工业互联网应用运行提供灵活敏捷、易于扩展、高可用的运行时环境，能进一步降低应用运维的复杂度，提高运维效率。

（五）边缘计算

边缘计算是指在靠近物或数据源的一侧，采用网络、计算、存储、应用等核心能力于一体的开放平台，提供最近端服务，产生更快的网络服务响应，满足在实时、智能、安全与隐私保护等方面的基本需求，具备数据第一入口、连接性、分布性、约束性、融合性的特征。

边缘计算分为现场层、边缘层、云端，其中边缘层又划分为边缘节点和边缘管理器两部分，边缘节点是具有计算和存储能力的功能模块，包括负责处理和转换网络协议的边缘网关，负责闭环控制业务的边缘控制器，负责大规模数据处理的边缘云以及负责信息采集与简单处理的边缘传感器；边缘管理器则主要是实现对边缘节点的各项功能进行统一管理和调度。

随着信息技术的不断进步，如5G、AI、物联网等可帮助边缘计算方案落地，实现降低时延、减少回传、保护数据隐私安全等功效。物联网趋于泛化，为边缘计算提供更多应用场景的可能性。物联网等技术的发展，大量处于边缘位置的终端设备都会连网，监测装置、家庭电器、智能传感器甚至可穿戴设备都将进入互联网络，从而产生巨大的数据流量，并对信息的实时性提出更高要求。在应用领域，物联网可涵盖汽车、家居、工业等各个领域：在汽车领域，物联网与汽车网络相结合，形成解放人类双手的自动化驾驶；在家居领域，物联网使各类家居智能化，为人们生活提供便利；在工业领域，物联网广泛应用于工业控制系统中，为生产流程提高效率。随着技术的进步和人们消费水平的提高，物联网的“泛化”有望呈进一步扩张的态势，从而产生更多的应用领域，这也为边缘计算提供更多场景。5G的广泛构建，进一步要求低时延及高可靠通信，移动边缘计算成为必然选择。根据ITU（国际电信联盟）的愿景，5G的应用场景应划分为增强型移动宽带（eMBB）、大连接物联网（mMTC）和低时延高可靠通信（uRLLC）三类。同时，ITU在带宽、时延和覆盖范围等方面确立5G的8项技术要求。其中，低时延、高可靠通信（uRLLC）聚焦对时延极其敏感的业务，例如自动驾驶、工业控制、远程医疗等。在5G移动领域，移动边缘计算是ICT融合的大势所趋，是5G网络重构的重要一环。

未来，边缘计算具有广阔的应用场景，如智慧工厂、智能电网、智能驾驶、健康医疗、娱乐和数字媒体等是未来最具商业规模且排名靠前的需求场景，极具典型性，并且运营商也在这些领域与行业客户紧密合作，基于用户需求，共同推动边缘计算的发展，为用户提供安全可靠的边缘计算业务。

第三节　转型中的灯塔

加快建设以实体经济为支撑的现代化产业体系，可以让我们在未来发展和国际竞争中赢得战略主动。上市公司主动把握数字技术新科技革命浪潮，适应人与自然和谐共生的要求，保持并增强实体产业体系完备和配套能力强的优势，高效集聚全球创新要素，推进产业智能化、绿色化、融合化，建设具有完整性、先进性、安全性的现代化产业体系。

2022 年上市公司发展的外部环境发生了复杂深刻变化，在清醒认识各种风险挑战的同时，各行业上市公司也看到推动上市公司高质量发展的诸多有利因素，主动拥抱数字技术，尤其在制造业领域，实现工业产业和信息服务产业融合发展，坚持推动传统产业转型升级，不当成“低端产业”简单退出，坚持开放合作，不闭门造车。在世界经济论坛联合麦肯锡联合评选的“灯塔工厂”中，2022 年又新增宁德时代、美的、海尔、三一重工等中国企业 5 家。

一、灯塔上市公司基本情况

截至 2022 年年底，全世界共有 132 家“灯塔工厂”，中国企业建设的“灯塔工厂”共 35 家，占比 27%；美国企业建设“灯塔工厂”共 33 家，占比 25%；德国企业建设的“灯塔工厂”共 20 家，占比 15%。入选的这 35 家“灯塔工厂”由中国的 17 家上市公司（国内灯塔上市公司 12 家，其他 5 家在美国、中国台湾、中国香港上市）投资建设、运营，实现了生产制造、价值链和商业模式数字化转型。

12 家国内灯塔上市公司均为家电制造、电子设备制造领域的高市值龙头企业，其中 90% 市值过千亿元。从国内辖区分布来看，主要分布在东部地区的制造业大省，江苏数量最多，其次是广东、山东和安徽。

二、灯塔上市公司的转型示范

灯塔上市公司通过采用人工智能、大数据、物联网、云计算、数字孪生、工业机器人等新技术，构建覆盖工厂全流程、产业链上下游全环节、产品服务全生命周期的数字化体系，提升企业及产业链上下游的效率、降低成本；同时通过数据要素作用的发挥，探索新的模式进而形成新的增长点，为中国特色智能制造积累了经验。

（一）数智文化

基于数据资源，发挥云计算、人工智能等数智技术优势，需要相适应的企业数智文化，并由此改变企业的治理结构和组织结构，对组织文化、架构、管理体系模式、运行机制等提出更高要求。

在全部的“灯塔工厂”里，70%以上的企业正在以一种或多种方式调整组织结构，如增加相应的职位、改变原有的组织结构使之与数字化业务相匹配、建立专注于数字化部署的跨职能团队等。

海尔依托其卡奥斯工业互联网平台，为不同行业和规模的企业提供数字化转型方案，推动智能化发展、个性化定制、网络化延伸、数字化管理新模式的普及。在卡奥斯的赋能下青岛啤酒整合上下游企业及资源，共建“啤酒＋”产业生态，成为全球首个啤酒饮料行业“灯塔工厂”。

美的集团成立美云智数，既是美的数字化转型的重要参与者，也是美的工业互联网对外输出的载体。

（二）战略规划

入选“灯塔工厂”的企业，不局限于简单地在生产制造过程中应用数字化技术，其有完整的、适用于本行业和企业特点的数字化、智能化战略规划和实施路径，在数字化、智能化转型中均体现出前瞻性的战略规划和实施能力，由上而下地推动企业实现全面转型。

只有制定全局、系统、完善、前瞻的公司战略，才能真正调动“灯塔工厂”建设的各项资源和要素，为实际行动提供战略指引。

如潍柴潍坊工厂发布潍柴智能制造战略规划，将“智能制造”提升至企业发展的战略高度，并形成具体的实施计划，对智能制造的组织架构、技术体系、资源组织、人员配备等进行总体规划与部署，全面开展智能制造项目，支撑企业集团化、国际化的发展战略。

宁德时代宁德工厂沿着自动化、自动化＋数字化、智能化规划路径，坚定推进数字化转型提升战略。

（三）数据要素

数字化时代企业运营的本质特征是数字化，核心要素是数据。“灯塔工厂”无一例外充分发挥数据作为新型生产要素的价值，通过数据的内部及外部贯通，以数据资源重新聚合人才、技术、能力、资金等生产要素，实现数据驱动的智能决策和模式创新。

三一重工长沙18号工厂，运用人工智能、大数据等大数据分析、处理、挖掘等技术，通过物联网平台采集现场设备数据、生产管理数据和外部数据，并进行分析处理建模，实现生产制造工艺优化、预备的预测性维护和远程维修、柔性化生产、智能排产排程等，最终实现产能提升123%，生产效率提高98%，单位制造成本降低29%。

（四）新价值链

越来越多的“灯塔工厂”在实现企业内部全要素互联的基础上，积极通过数字化手段和模式创新，实现产业链上下游各环节的数据贯通，对数据和信息进行整合和分析，实现供需平衡、产销平衡等多维平衡及柔性匹配，由点串线成面，全面实现产业链各环节企业的深度数字化协同，增强全产业链的韧性。

如潍柴潍坊工厂通过搭建覆盖全价值链的信息化支撑平台，延伸至产业链上下游企业（核心供应商），打通全链条环节的流程，从生产装备的智能化、自动化、数字化延展至整个企业运营，并形成独具特色的潍柴运营管理体系（WOS），带动全产业链数字化能力整体提升。

美的集团广州工厂基于美的工业互联网M. IoT平台，从自动化工厂向“端到端”互联价值链转型，劳动效率提高28%，单位成本降低14%，订单交付期缩短了56%。则进一步将新技术革命拓展到实体工厂范畴之外，打通了端到端价值链，形成供应网络对接、端到端产品开发、端到端规划、端到端交付。

面对我国制造业大国向制造业强国转变的重要阶段，制造业数字化转型是重要支撑和必由之路。我国“灯塔工厂”主要贴近终端消费者的产业链下游，集中在家电制造、电子设备制造领域。积极借鉴“灯塔工厂”的建设经验，对助力我国上市公司全面数字化转型提升具有重要意义。

附 录

附录一 分析指标

一、数字经济宏观政策分析指标

发展数字经济已成世界主流，数字经济发展的力度由市场的牵引力、政府的推动力、科技的创新力和数字产业的带动力汇聚而成。近年来世界主要国家纷纷出台相关战略，而设计和实施适合数字时代的政策是一项复杂的挑战。经济合作与发展组织（OECD）最新发布的《数字经济展望 2020》报告中，提出了“走向数字化综合政策框架”（The Going Digital Integrated Policy Framework)，帮助 OECD 各国制定政策以实现包容性数字化未来。该政策框架包括七个相关维度：访问（Access)、使用（Use)、创新（Innovation)、工作（Jobs)、社会（Society)、信任（Trust）和市场开放（Market Openness)，以及对应的 37 项关键政策领域和指标，具体如附表 1 所示。

《数字经济展望 2020》报告基于上述政策框架，从数字化时代政策制定的综合方法，政策趋势，访问和连接，数字理解、使用和技能，增强数据访问、共享和重复使用，隐私和数据保护，数字安全，数字化转型中的消费者政策，数字化创新和不断发展的商业模式十个方面对数字经济政策的脉络进行了梳理。

附表 1　　走向数字化的综合政策框架

维度		对应关键政策领域和指标	
1	访问（Access）	1. 1	投资（Investment）
		1. 2	通信基础设施和服务（Communications Infrastructures and Services）
		1. 3	竞争（Competition）
		1. 4	区域发展（Regional Development）
2	使用（Use）	2. 1	数字政府（Digital Government）
		2. 2	投资（Investment）
		2. 3	商业活动（Business Dynamism）
		2. 4	中小企业（Small and Medium Enterprises）
		2. 5	技能（Skills）
		2. 6	数字安全与隐私（Digital Security and Privacy）
3	创新（Innovation）	3. 1	创业精神（Entrepreneurship）
		3. 2	中小企业（Small and Medium Enterprises）
		3. 3	竞争（Competition）
		3. 4	科学和技术（Science and Technology）
		3. 5	数字政府（Digital Government）
		3. 6	政策法规（Sectoral Policies and Regulations）
4	工作（Jobs）	4. 1	劳动力市场（Labour Markets）
		4. 2	技能（Skills）
		4. 3	社会保障（Social Protection）
		4. 4	税收和福利制度（Tax and Benefit System）
		4. 5	区域发展（Regional Development）
5	社会（Society）	5. 1	社会政策（Social Policies）
		5. 2	技能（Skills）
		5. 3	税收和福利制度（Tax and Benefit System）
		5. 4	环境（Environment）
		5. 5	卫生保健（Health Care）
		5. 6	数字政府（Digital Government）

续表

维度			对应关键政策领域和指标
6	信任（Trust）	6.1	数字风险管理（Digital Risk Management）
		6.2	中小企业（Small and Medium Enterprises）
		6.3	隐私（Privacy）
		6.4	数字安全（Digital Security）
		6.5	消费者保护（Consumer Protection）
7	市场开放（Market Openness）	7.1	贸易（Trade）
		7.2	投资（Investment）
		7.3	金融市场（Financial Markets）
		7.4	竞争（Competition）
		7.5	税收（Taxation）

从全球数字市场发展来看，中国作为全球最大的数字消费市场，正在推动中国数字经济走向快车道，庞大的市场规模和迅速增长的用户数量，促使中国数字产业化和产业数字化的竞争力进一步增强。2022 年发改委联合中央网信办、工业和信息化部起草，国务院正式发布《“十四五”数字经济发展规划》，这是我国数字经济领域首部国家级专项规划，规划对数字经济发展提出的新目标，可以概括为“4+8+5”大思路，即四个重点、八大任务、五个支撑。所谓四个重点，就是要突出发挥数据要素价值、带动产业提质增效、促进经济循环畅通、规范健康持续发展；所谓八大任务，就是优化升级数字基础设施、充分发挥数据要素作用、大力推进产业数字化转型、加快推动数字产业化、提升数字化公共服务水平、完善数字经济治理体系、强化数字经济安全体系、拓展数字经济国际合作；所谓五个支撑，就是通过加强统筹协调和组织实施、加大资金支持力度、提升全民数字素养和技能、实施试点示范、强化监测评估加强对《规划》落实情况的跟踪监测、成效分析，抓好重大任务推进实施，及时总结工作进展。国家发展改革委、中央网信办、工业和信息化部将会同有关部门加强调查研究和督促指导，适时组织开展评估，推动各项任务落实到位。可以说“4+8+5”大思路对未来上市公司高质量发展的影响是深远的，意义重大。

《数字经济发展规划》涉及的数字经济领域的政策分为：数字基础设施、数据要素、数字产业化、产业数字化转型、公共服务数字化转型、数字经济治理、数字安全、数字经济贸易合作等政策领域基本涵盖了OECD的七个政策框架，且更贴合中国国情。

中国上市公司协会以《数字经济发展规划》为基础，采集整理了8个政策领域、22个指标的数字经济政策框架体系。并采集了2012年至2021年十年来的相关政策法规，形成了数字经济政策库，针对这些政策的聚合程度、政策所处部门特点、政策相关行业特点、地区特点进行统计分析。政策框架体系如附表2所示。

附表2　　中国上市公司协会数字经济政策框架体系（2023年）

一级		二级		说明
1	数字基础设施	1.1	通信网络基础设施	光缆光纤、微波、卫星、移动通信、IPv6、工业互联网、物联网、5G、6G等网络基础设施
		1.2	新技术基础设施	人工智能、云计算、区块链、沉浸式互动式设施设备（AR、VR、MR等）等新技术基础设施
		1.3	算力基础设施	以数据服务器、运算中心、数据存储阵列等为核心，实现数据信息的计算、存储传递、加速、展示等功能的数据中心、超算中心、智能计算中心、边缘数据中心等算力基础设施
2	数据要素	2.1	数据采集	数据采集指对数据标注、清洗、脱敏、脱密、聚合等
		2.2	数据开发	数据分析、数据可视化、数据库、数据开发框架
		2.3	数据要素市场化	数据组成关键，包括公共数据、企业数据、个人数据，例如数据收集平台、数据服务商、知识产权交易活动等
3	数字产业化	3.1	关键数字技术创新	传感器、神经芯片、类脑智能、DNA存储、量子信息、网络通信、集成电路、工业软件、大数据、人工智能、区块链、大数据等战略性前瞻性领域
		3.2	新业态新模式	新兴在线服务、共享经济、智能经济、社交软件、知识分享、短视频等

续表

一级		二级		说明
4	产业数字化	4. 1	企业数字化转型	企业研发设计、生产加工、经营管理、销售服务等业务数字化转型、线上营销、远程协作、数字化办公、智能生产线、线上办公、远程会议、电子签名、网课等
		4. 2	重点产业数字化转型	农业："三农"综合信息服务、农业生产、加工、销售、物流等各环节的数字化； 工业（制造业）：智能制造、装备数字化、工业互联网； 交通；铁路、道路、航运和航空等领域智能化：调度指挥、智慧停车场、智慧港口等； 商贸：电子商务、批发、零售、住宿、餐饮、租赁和商务服务等领域数字化； 物流：物流信息服务平台、电子提单、智能仓储等； 金融：银行、证券、保险等领域数字化，比如智能支付、智慧网点、数字货币等； 能源：煤矿、油气田、油气管网、电等领域智能设备、技术
		4. 3	产业园区与产业集群	数字园区、园区服务平台、智慧园区
		4. 4	支持补贴政策	政府部门为鼓励地区企业数字化转型而发布的支持政策，有具体奖励金额，支持措施等；为了发展数字化产业，而产生的一些支持技术、资本、人才、数据等发展的政策
		4. 5	绿色转型	"双碳"、ESG、绿色金融
5	数字安全	5. 1	网络安全	网络安全标准体系、监测预警和应急处置、网络的运行安全、网络信息（指网络运营者收集的相关用户信息）安全
		5. 2	数据安全	是指通过采取必要措施，确保数据处于有效保护和合法利用的状态，以及具备保障持续安全状态的能力
		5. 3	其他安全与风险防范	除网络安全与数据安全的其他安全，如技术安全；各类风险叠加可能引发的经济风险、社会舆情风险等风险防范和社会稳定问题
6	公共服务数字化转型	6. 1	政务服务数字化	互联网 + 政务服务、智慧政府、城市大脑
		6. 2	社会服务数字化	文化教育、医疗健康、公共卫生、会展旅游、体育健身等领域公共服务资源数字化供给和网络化服务
		6. 3	城乡发展数字化	智慧城市、数字乡村

续表

一级		二级		说明
7	数字经济治理	7.1	数字经济治理	社会公众、政府、市场、行业组织、企业协同数字经济治理、数字经济市场监管、反洗钱金融数字监管体系、信用档案、打击违法犯罪、保护消费者、市场准入、行业标准等
8	数字经济贸易合作	8.1	贸易数字化	数字“一带一路”、跨境流动、自由贸易试验区、丝路电商
		8.2	数字经济国际合作	跨国公司、国际交流协作、数字服务出口基地、国际数字化反垄断

二、上市公司数字经济中观分析指标

数字经济的发展规模和水平是国内外广泛关注的话题。2020 年 8 月，美国经济分析局（BEA）发布了《最新数字经济核算报告》，指出 2018 年美国数字经济增加值为 18493 亿美元，占 GDP 比重为 9.0%；2021 年 4 月，中国信息通信研究院发布了《中国数字经济发展白皮书》，指出 2020 年中国数字经济规模达到 39.2 万亿元，占 GDP 比重为 38.6%。由于这些数据是基于不同标准和口径测算的，给国际比较分析增加了难度，也给国内外社会公众了解各国数字经济发展水平带来了困扰①。国家统计局《数字经济分类》的出台为我国数字经济核算提供了统一可比的统计标准、口径和范围。中国上市公司协会基于该标准，开展了上市公司数字经济中观层面的统计分析工作，为上市公司贯彻落实“十四五”规划《纲要》明确的数字经济产业发展目标提供数据支撑。

（一）上市公司数字经济行业分类指标

上市公司数字经济行业分类指标从“数字产业化”和“产业数字化”两个方面，确定了数字经济的基本范围，将其分为数字产品制造业、数字产品服务业、数字技术应用业、数字要素驱动业、数字化效率提升业 5 大类。②

---

① 国家统计局副局长鲜祖德解读《数字经济及其核心产业统计分类（2021）》。

② 国家统计局《数字经济及其核心产业统计分类（2021）》。

前4大类为数字产业化部分，即数字经济核心产业，是指为产业数字化发展提供数字技术、产品、服务、基础设施和解决方案，以及完全依赖于数字技术、数据要素的各类经济活动，是数字经济发展的基础。

第5大类产业数字化部分，是指应用数字技术和数据资源为传统产业带来的产出增加和效率提升，是数字技术与实体经济的融合。该部分涵盖智慧农业、智能制造、智能交通、智慧物流、数字金融、数字商贸、数字社会、数字政府等数字化应用场景，体现了数字技术将进一步与国民经济各行业产生深度渗透和广泛融合。具体包括：

- 数字产品制造业，包括6个中类：计算机制造、通信及雷达设备制造、数字媒体设备制造、智能设备制造、电子元器件及设备制造、其他数字产品制造业。

- 数字产品服务业，包括5个中类：数字产品批发、数字产品零售、数字产品租赁、数字产品维修、其他数字产品服务业。

- 数字技术应用业，包括5个中类：软件开发、电信/广播电视和卫星传输服务、互联网相关服务、信息技术服务、其他数字技术应用业。

- 数字要素驱动业，包括7个中类：互联网平台、互联网批发零售、互联网金融、数字内容与媒体、信息基础设施建设、数据资源与产权交易、其他数字要素驱动业。

- 数字化效率提升业，包括9个中类：智慧农业、智能制造、智能交通、智慧物流、数字金融、数字商贸、数字社会、数字政府、其他数字化效率提升业。

（二）上市公司数字经济地区分析指标

为考察上市公司区域数字经济状况，选择中国证监会辖区划分标准，作为上市公司地区分析指标。截至2022年年底，分辖区上市公司（含A股、B股、H股）总体情况①具体如附表3所示。

① 数据来源：中证数据、Wind、北交所。

附表 3　　上市公司辖区分布情况

辖区	公司家数	总市值（亿元）	总股本（亿股）
江苏	637	64533.04	4762.91
浙江	543	57550.27	4485.14
北京	460	155326.4	30607.38
广东	429	53218.6	4031.76
上海	422	68111.48	6876.36
深圳	405	76359.64	4979.24
山东	226	26513.31	2236.32
四川	169	29542.52	1598.23
安徽	161	17612.58	1476.37
湖南	138	15855.41	1354.9
湖北	138	13799.22	1361.7
宁波	114	13798.18	928.4
河南	107	13566.28	1301.99
福建	106	25116.29	1459.97
江西	77	8801.97	685.28
陕西	75	13827.71	1102.05
河北	74	11564.33	1225.19
重庆	70	9347.16	1057.27
天津	70	10722.47	1012.38
青岛	65	6527.49	606.98
厦门	64	6601.96	408.22
新疆	59	8519.28	1144.45
辽宁	55	4618.05	558.9
吉林	49	4067.8	519.2
云南	42	8913.81	715.59
山西	40	9240.58	944.75
广西	40	2720.79	488.9
黑龙江	40	3214.02	625.43
甘肃	36	2952.4	637.72
贵州	35	26179.42	360.86
大连	31	4311.82	760.67

续表

辖区	公司家数	总市值（亿元）	总股本（亿股）
海南	28	3671.24	829.55
内蒙古	26	7306.63	1013.13
西藏	22	2285.28	149.13
宁夏	15	1619.19	209.22
青海	11	2263.68	159.13
合计	5079	790180.29	82674.67

（三）上市公司控股类型指标

为考察控股类型对上市公司数字经济的影响，以公司的控制权作为基本分类原则，以公司的实际控制人、控股股东性质等作为分类依据。当公司有实际控制人，根据实际控制人的性质进行分类；当公司没有实际控制人，根据控股股东的性质进行分类，控股分类情况如附表4①所示。

附表4　上市公司控股类型指标

代码	控股情况
S	**国有控股**
11	中央国有控股
12	地方国有控股
C	**社团集体控股**
P	**自然人控股**
F	**外商控股**
O	**其他**
11	控股主体性质不明确
12	无控股主体

上市公司数字经济中观分析基于上述指标，对所有样本上市公司整体行业分布、地区分布、控股类型以及上市板块分布进行分析。

三、上市公司数字经济微观分析指标

伴随中国经济的快速发展，上市公司数字经济效率提升业与数字经济

① 数据来源《证券期货业统计指标标准指引（2019年修订）》。

核心业在近几年均有迅速发展，其中数字经济核心业部分尤为突出。微观分析选择上市公司数字经济核心产业的上市公司，基于年报披露的一些客观指标，进行分析，包括：市值指标（总市值）、融资情况指标（首发募集资金、增发募集资金）、经营情况（营业收入、经营活动产生的现金流量净额）、盈利能力指标（净利润、净资产收益率、净资产）、成长能力指标（营业收入同比增长率、净资产同比增长率）、创新能力指标（研发支出及研发支出占比、专利（发明授权）数量）、人员情况（研发人员数量、技术人员数量、硕士人员数量）、薪酬指标（董事长薪酬、人均薪酬）、人均指标（人均创收、人均创利）等。分析指标具体如附表5所示。

附表5　上市公司数字经济核心产业微观分析指标

指标大类	具体指标	指标释义
市值	总市值	上市公司的股权公平市场价值
融资情况	首发募集资金	公司首次公开发行股票IPO去除发行费用后的募集资金数量
	增发募集资金	按增发股份上市日归属指定区间统计已实施情况（2021年1月1日至2021年12月31日）
股权质押情况	股权质押数量及占比	指定日期指定股票的质押股份余量及占其A股所有股票数量的比值（2021年12月31日）
经营情况	营业收入	营业收入=主营业务收入+其他业务收入，为企业报表公布值
	经营活动产生的现金流量净额	经营活动产生的现金流量净额=经营活动的现金流入小计−经营活动的现金流出小计，为企业报表公布值
盈利能力	净利润	“净利润”反映在利润总额中按规定缴纳了所得税以后企业的利润留存
	净资产收益率	也叫权益净利率、净值报酬率，是净利润与平均净资产的百分比，反映公司所有者权益的投资回报率，计算方法：净利润/平均净资产
	净资产	是指企业的资产总额减去负债以后的净额，即所有者权益
	投入资本回报率（ROIC）	指生产经营活动中所有投入资本赚取的收益率，而不论这些投入资本是被称为债务还是权益 分子是指公司如果完全按权益筹资所应报告的税后利润，分母是指公司所有要求回报的现金来源的总和

续表

指标大类	具体指标	指标释义
成长能力	营业收入同比增长率	根据报表营业收入的公布值，计算本期相对上年同期调整数的增长百分比
	净资产同比增长率	企业本期净资产增加额与上期净资产总额的比率
创新能力	研发支出及研发支出占比	研发支出来源于公司公告；研发支出占比指研发支出总额占营业收入的比例，来源于公司定期报告公布值，若无公布，则使用公式：研发支出合计/营业收入计算
	专利（发明授权）数量	公司拥有的发明授权数量（来源：国家知识产权局）
人力资源情况	研发人员数量及占比	研发人员数量及占比来源于公司定期报告披露值
	技术人员数量及占比	技术人员数量及占比来源于公司定期报告披露值
	硕士人员数量及占比	硕士人员数量及占比来源于公司定期报告披露值
薪酬指标	董事长薪酬	年度董事长薪酬，来源于公司公告披露值
	人均薪酬	应付职工薪酬（本期增加值）/员工人数，根据公司定期报告披露值计算
人均指标	人均创收	营业总收入/员工人数，根据公司定期报告披露值计算
	人均创利	归属母公司股东的净利润/员工人数，根据公司定期报告披露值计算

附录二　法律位阶范围解释

法律位阶范围如附表6所示。

附表6　　法律位阶范围

法律、行政法规及司法解释		
法律	主要发文单位	1. 全国人民代表大会 2. 全国人民代表大会常务委员会
	法规名称	1. 中华人民共和国××法 2. 中华人民共和国××法修正案 3. 全国人民代表大会常务委员会关于修改《中华人民共和国××法》等××部法律的决定
	法律文号	1. 主席令第××号 2. 中华人民共和国主席令第××号
有关法律问题的决定	主要发文单位	1. 全国人民代表大会 2. 全国人民代表大会常务委员会
	法规名称	全国人民代表大会常务委员会关于××的决定
行政法规	主要发文单位	中华人民共和国国务院
	法规名称	1. （中华人民共和国）××管理/实施/暂行条例 2. （中华人民共和国）××办法 3. （中华人民共和国）××实施细则
	法律文号	1. 中华人民共和国国务院令第××号 2. 国令第××号 3. 国务院令第××号
	备注	一般文号带“令”

续表

法律、行政法规及司法解释		
行政规范性文件	主要发文单位	1. 中华人民共和国国务院 2. 中华人民共和国国务院办公厅
	法规名称	1. 国务院（办公厅）关于××的意见 2. 国务院（办公厅）关于××的通知 3. ××办法/方案/规范/规定……
	法律文号	1. 国发〔××××〕××号 2. 国发明电〔××××〕××号 3. 国办发〔××××〕××号 4. 国办发明电〔××××〕××号 5. 肺炎机制综发〔2020〕60号 6. 联防联控机制发〔2020〕28号……
	备注	国务院及办公厅发的除行政法规以外的其他文件、通知
司法解释	法律文号	1. 中华人民共和国最高人民法院 2. 中华人民共和国最高人民检察院
	法规名称	1. 最高人民法院、最高人民检察院关于××若干问题的规定 2. 最高人民法院、最高人民检察院关于×××的解释
	法律文号	法释〔××××〕××号
工作文件	主要发文单位	1. 中华人民共和国最高人民法院 2. 中华人民共和国最高人民检察院 3. 国务院国有企业改革领导小组
	法律文号	1. 法〔××××〕××号 2. 法发〔××××〕××号 3. 高检发〔××××〕××号 4. 高检发办字〔××××〕××号……
	备注	最高人民法院发布的除了司法解释以外的一些司法文件，还有国务院办公厅及下面的小组、中国共产党中央委员会等发的一些没有文号的不重要的工作文件

续表

部门规章和规范性文件（发文部门都是国务院下设的单位、部委等）		
部门规章	主要发文单位	1. 中国证券监督管理委员会 2. 中国人民银行 3. 中华人民共和国财政部 4. ……（国务院下设单位及部委）
	法规名称	没有特别固定的格式，如 1. ××管理（暂行）/实施办法 2. ××规定 3. 关于××的决定……
	法律文号	1. 证监会令第××号 2. 发展改革委、商务部令××年第××号 3. 财政部令第××号 4. 国家税务总局令第××号 5. 公安部令第××号……
	备注	国务院下设部委根据法律和国务院的行政法规、决定、命令、办法，在本部门的权限内，发布命令、指示和规章。可根据文号判断，一般文号带“令”
规范性文件	主要发文单位	1. 中国证券监督管理委员会 2. 中国人民银行 3. 中华人民共和国财政部 4. ……（国务院下设单位及部委）
	法规名称	没有特别固定的格式，如 1. ××管理（暂行）办法 2. ××指引 3. ××细则/准则 4. ××规定 5. 关于实施《×××》的规定 6. ××意见……
	法律文号	可能没有文号，或者文号不固定： 1. 证监会公告〔××××〕××号 2. 财会〔××××〕××号 3. 汇综发〔××××〕××号 4. 银保监发〔2020〕85 号 5. 证监公司字〔2005〕52 号……
	备注	国务院下设部委在本部门的权限内，发布的规范性法规

续表

部门规章和规范性文件（发文部门都是国务院下设的单位、部委等）		
通知	主要发文单位	1. 中国证券监督管理委员会 2. 中国人民银行 3. 中华人民共和国财政部 4. ……（国务院下设单位及部委）
	法规名称	1. 关于就《××》公开征求意见的通知 2. 关于××的通知
	法律文号	可能没有文号，或者文号不固定： 1. 证监办发〔××××〕××号 2. 证监发〔××××〕××号
	备注	各部委发布的征求意见通知等
公告	主要发文单位	1. 中国证券监督管理委员会 2. 中国人民银行 3. 中华人民共和国财政部 4. ……（国务院下设单位及部委）
	法规名称	一般法规名称带有【公告】
	法律文号	1. 国家税务总局公告 2020 年第 15 号 2. 财政部税务总局公告 2020 年第 29 号
	备注	一些办理具体事项的公告，或者是没有明确标题的公告，财政部和国家税务总局、证监会发布的比较多
地方性法规规章		
地方性法规	主要发文单位	地方人民代表大会及其常务委员会
	法律文号	××省（市）第××届人民代表大会常务委员会公告第××号
	备注	根据发文单位即可判断
地方政府规章	主要发文单位	地方人民政府及政府部门
	法律文号	一般带“令”，如： 1. 广东省人民政府令第 156 号 2. 粤府令第 121 号
	备注	地方人民政府及政府部门发布的规章类的法规，法律效力大于地方规范性文件，可根据发文单位 + 文号判断
地方规范性文件	主要发文单位	地方人民政府及政府部门
	法律文号	不一定有文号
	备注	地方人民政府及政府部门发布的规范类法规
地方工作文件	主要发文单位	地方协会、地方公益性组织
	备注	协会等发布的一些事项的通知之类的工作文件

附录三　参考资料及数据来源

1. 国家统计局《数字经济及其核心产业统计分类（2021）》
2. 国务院《“十四五”数字经济发展规划》
3. 政策数据来源于国务院各政府网站、各地区政府、国家统计局网站
4. 上市公司数据来源于万得、同花顺、价值在线